確定拠出年金 DC 401K

退職金で損する人 得する人

一般社団法人確定拠出年金診断協会
代表理事 分部彰吾 理事 山上真司

ワニ・プラス

はじめに

ご自身の会社の退職金制度、理解されていますか？

よくわからない方は「はじめに」だけでも読んでみてください。

①退職金の説明会があった、②運用先を選ぶように言われた、③毎年運用実績のレポートが届いている。どれかに当てはまる方は、退職金が「企業型確定拠出年金」の可能性が高いです。

いま多くの企業の退職金が「企業型確定拠出年金」になっています。

これは従来型の○年勤めたら●●●万円受け取

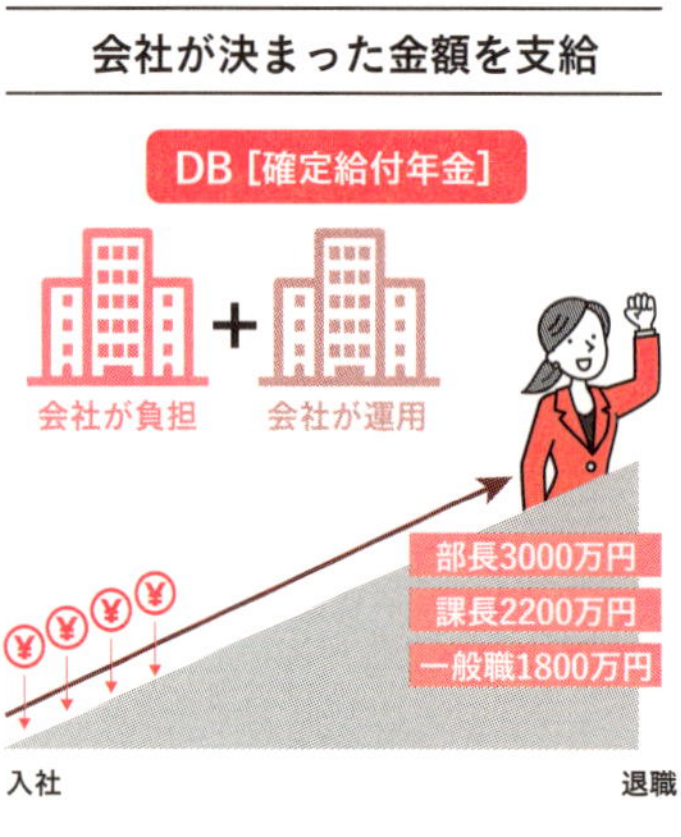

れるという退職金ではなく、従業員自身が運用し、それによって退職金の受け取り額が変わる制度です。

そのため、次のようなことが起こりえるのです。

Aさんの退職金——
約５００万円
Bさんの退職金——
約２０００万円

２人は同期で現在の役職も同じ。会社でのキャリアにはほとんど差がありません。ならば、２人とも同じくらいの退職金を

運用方法ひとつで大きく変わる退職金額の差

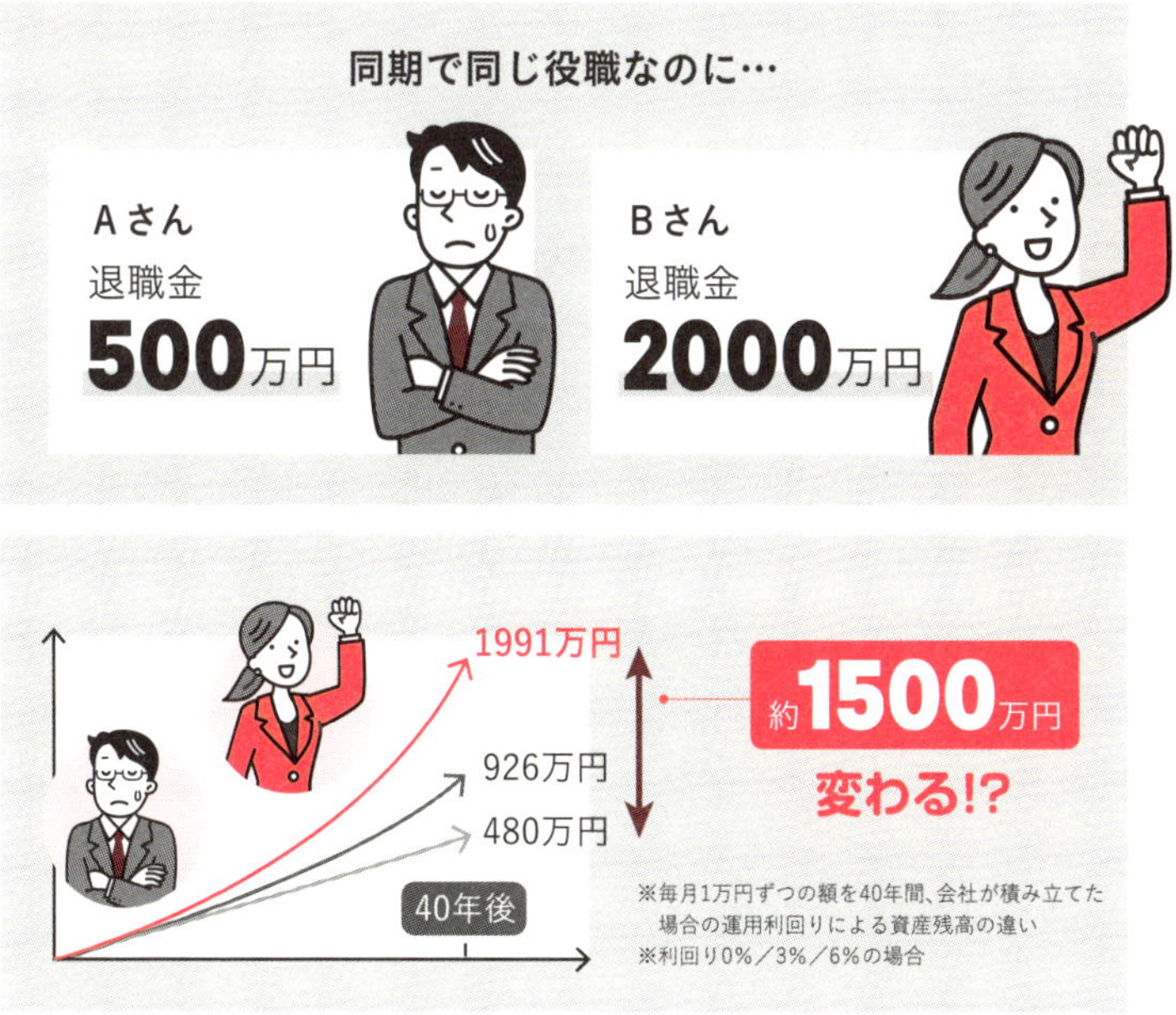

※毎月1万円ずつの額を40年間、会社が積み立てた場合の運用利回りによる資産残高の違い
※利回り0%／3%／6%の場合

手にできるはず――。そう思うかもしれません。

ところが実際は、こんなに大きな差がついてしまいました。なぜでしょうか？

理由は、

「企業型確定拠出年金（企業型ＤＣ）」を、理解して活用したか、わからずに放置したか」

の違いにあったのです――。

企業型確定拠出年金（企業型ＤＣ）――。

そう聞いて、その制度の仕組みや特徴を説明できる人は、今現在どのくらいいるでしょうか。制度を理解してきちんと有効活用している人はどのくらいいるでしょうか。

残念ながら、「聞いた覚えがない」「聞いたことはあるが詳しくは知らない」という人、「よくわからず何もせず放置している」という人が非常に多いと思います。

何を隠そう、私もかつては「企業型ＤＣのことを全然理解できていない派」でした。

新卒入社の会社で入社とともに企業型DCの加入者になり、説明会にも参加したのですが、そのときは難しくて理解できませんでした。

当然、有効活用などできるはずもなく、加入はしているものの何の運用もしないまま放置していたのです。

そんな私が「企業型DC」について大きな関心を持ったのは、ファイナンシャル・プランナーに転身して、投資や保険などのお金にまつわる知識を学び始めてからです。

老後資金を形成する制度としての企業型DCのメリットや特徴を知るにつれ、胸に湧き上がってきたのは、

「なぜ最初からきちんと向き合って、正しく運用してこなかったのだろう」


という後悔の念でした。

さらにファイナンシャル・プランナーとして相談を受けていると、かつての私のように「企業型DCがわからない」お客様が非常に多いことに気づいたのです。

そうした経験を機に、私のなかにひとつの思いが生まれました。

こんなにも老後資金準備に優れた制度にもかかわらず、かつての自分自身も含めて、多くのビジネスパーソンが制度を活用できていない。制度を知らないことで、多くの人が大きな損をしている。

こんな「もったいない状況」を何とかできないものか――。

この思いをかなえるために、私が仲間とともに立ち上げたのが「一般社団法人 確定拠出年金診断協会」です。

2022年3月の設立以来、確定拠出年金制度の啓発・啓蒙活動や、加入者に対し制度の仕組みや活用法をアドバイスする専門家「確定拠出年金診断士®」の育成など、確定拠出年金制度のさらなる普及を目指す活動を行っています。

企業型DCが制度として始まったのは2001年10月。ですから、かれこれもう四半世紀近くも前から存在しているのですが、残念なことに、いまだに認知度や理解度が高まってはいません。

しかし逆に言えば、**今からでも理解を深めて運用を始めることで、周囲に先んじて**

「ゆとりある老後」や「老後のお金の不安から解放された生活」を手に入れることも可能なのです。

自分の失敗や後悔も踏まえて、ひとりでも多くのビジネスパーソンに、「企業型ＤＣ」という制度を活用していただきたいと思います。

今後の人生を豊かでゆとりのあるものにするために。

誰にでもやがては訪れる老後を笑って迎えるために。

本書がその一助となってくれれば幸いです。

目次

第6章

【ケーススタディ】企業型DCの運用の誌上カウンセリング……………111

ケース① Aさん 26歳・男性……112
入社当時に選んだモデルプランでそのまま運用。
でも入籍を機に、お金のことを見直したい。

ケース② Bさん 22歳・女性……119
「増やす」より「損をしたくない！」という安定志向の新入社員。
その一方で、将来的にお金が足りなくなる不安も抱えている――。

ケース③ Cさん 34歳・女性……126
結婚するつもりのない「おひとりさま」。
でも、1人の老後はマネープランにも不安があって……。

ケース④ Dさん 50歳・男性……131
企業型DC＝退職金ということさえ理解せずに勤続30年。
今になって自分の退職金の少なさに愕然……。

ケース⑤　Eさん　30歳・男性……137
入社以来、そのままの運用商品を見直したい。
でも、見直すための手続き方法がわからなくて……。

ケース⑥　Fさん　47歳・男性……141
会社の年金制度がDBからDCに変更に。
DBで貯まっているまとまったお金、どう運用すればいい？

ケース⑦　Gさん　28歳・女性……146
運用のことはよくわからないので、
「バランス型」でお任せしているけど、このままでいい？

ケース⑧　Hさん　54歳・男性……151
定年退職を意識する年代になったので、
ゴールを見据えた運用を相談したい。

序章

老後は、遠い未来ではない
——なぜ今、「企業型ＤＣ」なのか

今から考える、将来の「退職金」のこと

会社員にとって「気になるお金」とは何でしょうか。

真っ先に挙げられるのは、やはり毎月の「給料（賃金）」や加算される「手当」、そして「賞与（ボーナス）」ではないでしょうか。

給料はいくらなのか。どんな手当がいくらつくのか。ボーナスは何か月分出るのか。結局、年収にするといくらもらえるのか——。会社員なら大いに気になるところです。

でももうひとつ、会社員にとって非常に大事な「お金」があります。

それは「退職金」です。

退職金とは「従業員が会社を退職する際に、雇用主から支払われるお金」のこと。退職金制度にもさまざまな種類がありますが、定年退職時であれば、退職後のセカンドライフ、つまり老後の生活を支える大切な資金となるお金です。

ただ、先に挙げた給料や賞与に比べると、退職金への関心は決して高くないかもしれません。

とくに若い世代の場合、退職金をもらうのはまだ何十年も先のこと。定年だ、老後だ、セカンドライフだと言われても「全然ピンとこない」という人も多いはずです。私の周りにいる会社員の方々に聞いてみても、退職後のことや老後のお金のことを真剣に考えている若い人は多くありません。

ただ、それは若い世代に限ったことではなく、キャリアを重ねてきたベテラン社員でも、自分の退職金についてはよく知らないケースが少なくありません。

そもそも自分の会社には退職金制度があるのか、どんな制度なのか、いくらもらえるのかなど、世代に関係なく把握していない人が、相当数いるのが実情なのです。

しかし「退職金なんて先のこと」「まだ気にしなくても、そのうちで大丈夫」という発想は、今すぐに捨てていただきたいと思います。

なぜなら、退職金を受け取るのはまだ先の話でも、そのための準備は「今」始める必要があるからです。**「退職金は会社が準備するものではなく、みなさん一人ひとりが育てるものに変わってきている」のです。**

若い世代にとっても早過ぎることはありません。40代、50代の方に確定拠出年金の活用法をお伝えすると、みなさん口を揃えて「もっと若いときに知りたかった」と言われます。なぜなら早くから活用することで、長い期間、運用のチカラを味方につけることができるからです。

定年退職は、老後は、遠い未来の話ではない――。そう考えて、いずれ迎えるべき老後のこと、いずれ手にする退職金のことを今から考えておくべきなのです。

「老後いくら必要か」は人それぞれ

→老後の安心の第一歩は、老後必要資金を知ること

生命保険文化センターの調査によると、自分の老後の生活に不安を感じている人の割合は82・2%にも上るという結果が出ました。

なぜ、そんなに不安なのか。「老後の生活にいくら必要なのかわからないから」とおっしゃる人が多いのです。だからこそ「老後いくら必要なのか」「自分でいくら準備する必要があるのか」を知ることが、老後の不安を解消する第一歩なのです。

ひとつの参考として、２０１９年に話題になった「老後２０００万円問題」がありました。金融庁の報告書で、

「老後の30年間で、約２０００万円の生活資金が不足する」

と発表されたことがきっかけとなり、メディアでも頻繁に取り上げられました。裏を返すと、老後資金を自分で２０００万円準備する必要があるということです。

とはいえ、これはあくまでも試算でしかありません。必要なお金は人それぞれ、個々の暮らし方や人生への考え方で大きく変わります。

高齢夫婦無職世帯の家計収支─2017年

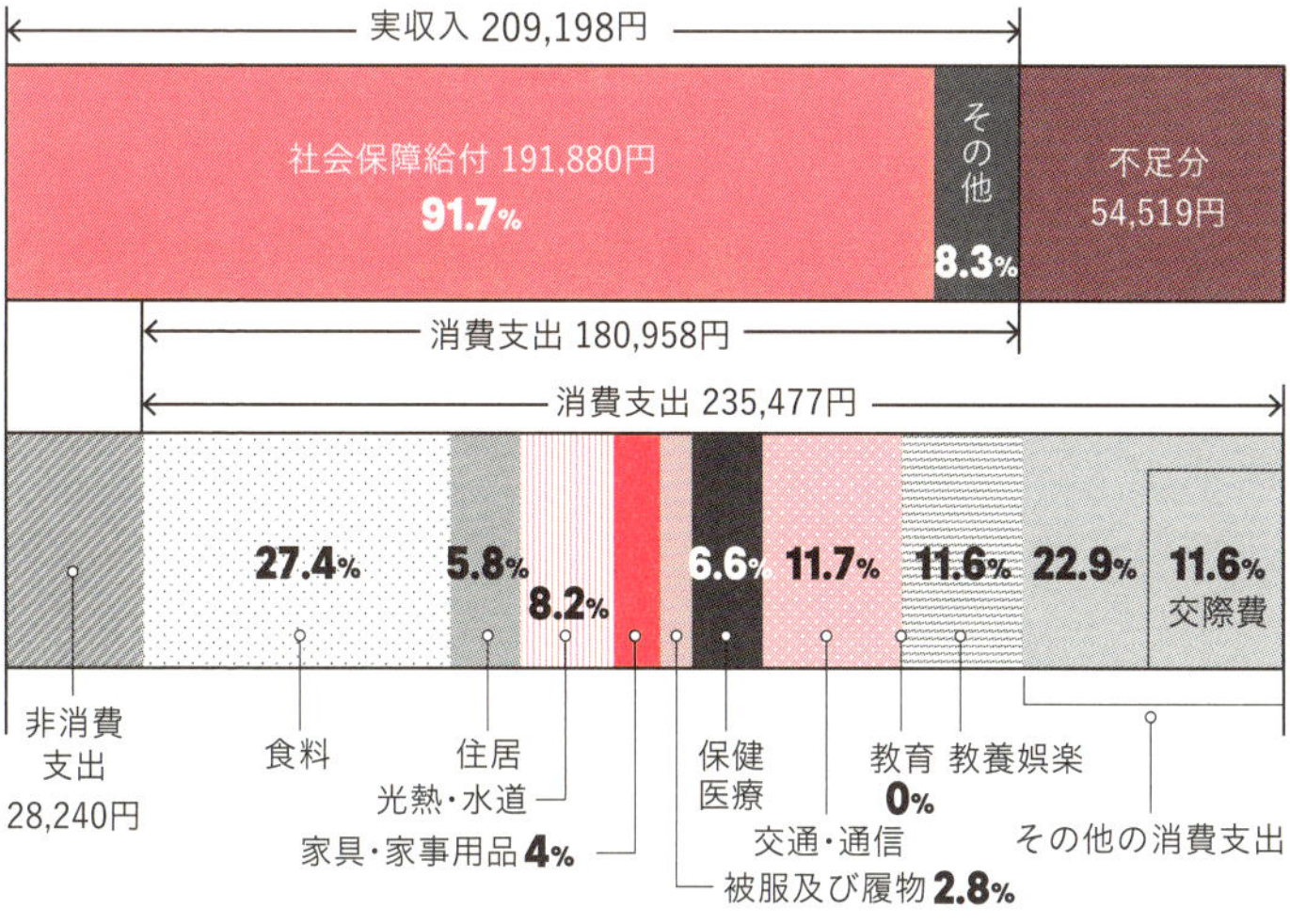

総務省統計局　「家計調査年報2017年」

2000万円でも足りない人もいれば、なかにはそんなになくても自分らしい暮らしができるという人もいるでしょう。

また、昨今の物価上昇を考えると、必要な生活費が上がり、そもそも2000万円では足りなくなる可能性もあると言われています。

大切なのは「自分が思い描く老後のライフプラン」を基にして、それにかかるお金を考えることです。まず取り組むべきは、「2000万円」という報道された数字だけに振り回されるのではなく、

「自分は老後、どんな暮らしをしたいのか」

「そのためには、いくら必要なのか」

「自分は老後、いくらもらえるのか」

「必要資金に、いくら足りないのか」

「不足分を補うにはどうすればいいのか」を考えることなのです。


定年を迎える年齢を軸にした老後の人生設計と、想定される支出と収入、預貯金残高

の推移といったお金の動きを見積もっていく――。そうしたライフプランを設定することで「自分の老後に必要なお金」も見えてくるでしょう。

長生きをすれば老後は誰にでも訪れます。誰でも老後の資金が必要になります。でも退職間近になって「お金をどうにかしよう」と行動しても、取れる手段は限られてしまいます。

だからこそ早いうちから、今のうちから、老後のこと＝「老後に必要なお金」と真剣に向き合い始めることが大切なのです。

老後資金の土台は「年金」だけれど

→「公的年金」は自分ではコントロールできない

定年退職をして迎える老後のライフプランにおいて、主なる収入源となるのが「年金（年金制度）」です。

日本の年金制度は22ページの図にあるように、

・1階＝国内に住む、20歳以上60歳未満のすべての国民が加入する「国民年金（老齢基礎年金）」

・2階＝会社員や公務員が加入する「厚生年金保険」

・3階＝個人または企業単位で加入する「私的年金」（確定拠出年金、確定給付年金など）

という「3階建て」の構造になっています。

1階と2階は国が運営する「公的年金」で、老後の生活を支える基本収入となります。

しかし、少子高齢化が進み現役世代が減っていく一方の現代の社会情勢を考えると、公的年金制度の受給額・受給開始年齢やその他受給ルールが変わっていくことが考えられま

日本の年金制度（会社員・公務員の場合）

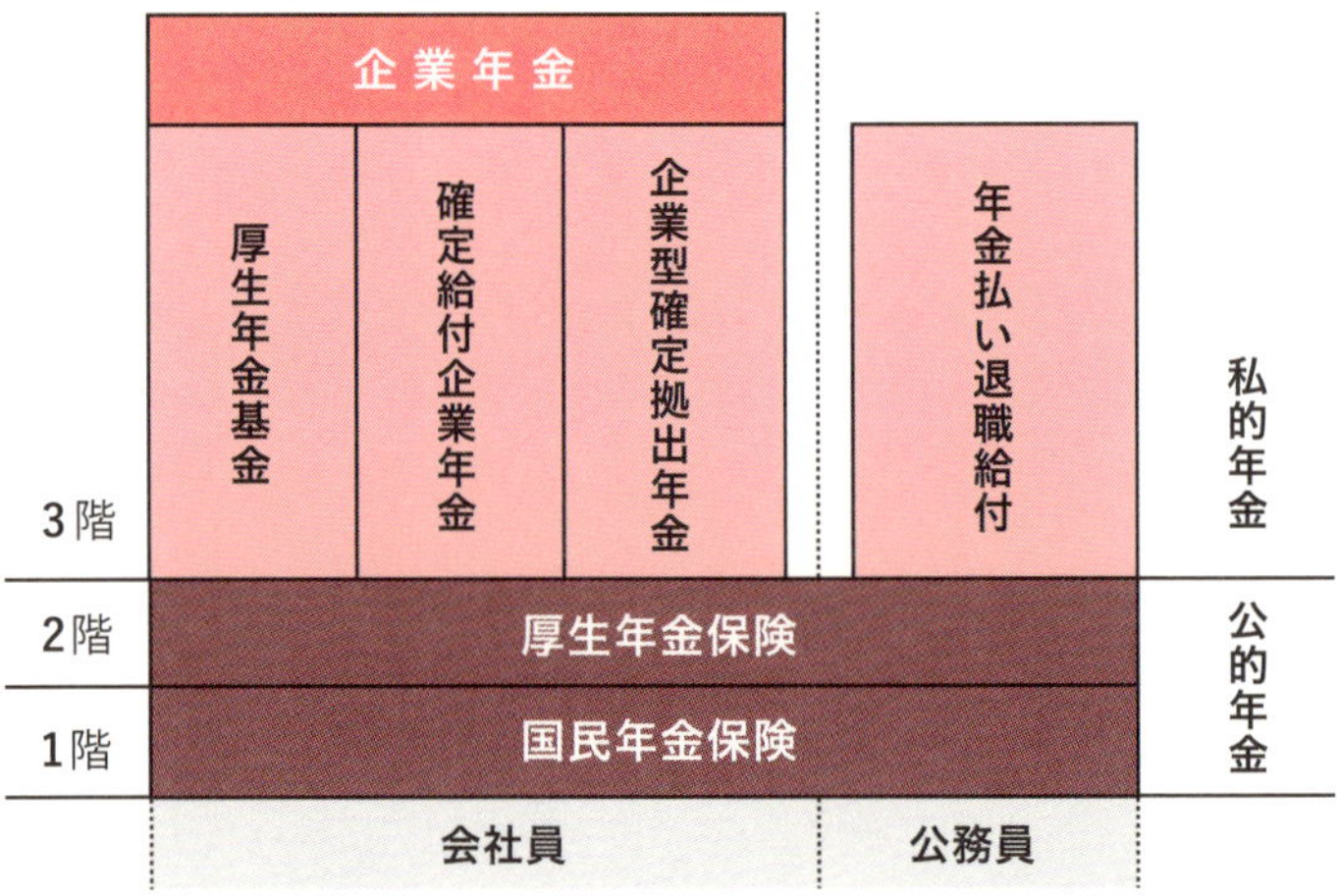

す。**1～2階の公的年金だけでは、ゆとりのある老後のためのお金を捻出できないかもしれません。**

前述の生命保険文化センターの調査でも、老後の生活の不安要素については、「公的年金だけでは不十分」という回答が79・4％ともっとも高くなっています。

国民年金、厚生年金だけでは老後の資金が不十分――。そこでその不足分を補填するための制度とされているのが「3階」部分に該当する「私的年金」になります。

私的年金とは企業や団体が独自に運営し、自由意思で任意に加入できる年金制度のことで、大きく2種類に分かれています。

ひとつは「確定給付企業年金（ＤＢ）」「企業型確定拠出年金（企業型ＤＣ）」「厚生年金基金」といった、企業が従業員のために支払う企業年金です。企業年金は、一般的には一時金として一括で受給するケースが多いため。「年金」といいながらも、退職金という意味合いに近くなります。

そしてもうひとつが「個人型確定拠出年金（ｉＤｅＣｏ）」「国民年金基金」など、個人単位で加入する年金です。

まずは「企業型確定拠出年金（企業型DC）」に着目

→「企業型確定拠出年金」の受取額は自分次第！

3階建て構造の1階と2階の公的年金だけでは頼りないのなら、一番はじめに着目すべきは3階の私的年金による退職金や年金の上乗せ部分です。

そのためにも、公的年金の受給額や老後資金を見積もり、必要に応じて早い段階から私的年金の活用を検討する――。これが今の日本における、老後資金を確保するための〝セオリー〟となるでしょう。

そして前述したように何種類かある私的年金のなかで、まず真っ先に注目していただきたいのが、本書で取り上げる「企業型確定拠出年金（企業型DC）」なのです。なぜなら、企業型DCは入社とともにすでに加入者になっており、企業が掛け金を積み立ててくれているからです。自分で身銭を切って他の金融商品で積み立てをスタートするよりも先に、身銭を切らない企業型DCを正しく理解し有効活用すべきだと思います。

企業の年金制度（退職金）には、大きく分けて2種類あります。DCとDBです。そのうち「企業型確定拠出年金（企業型ＤＣ）」とは、２００１年10月から施行された「確定拠出年金法」に基づく企業年金のこと。

勤め先企業が拠出した毎月一定額の掛金を従業員（加入者）が自ら運用し、その運用成果に基づいて退職後の給付額が決定する年金制度になっています。

企業型ＤＣという年金制度は、従業員にとっても企業にとってもメリットが多い、とても魅力的な制度と言えるでしょう。

従業員にとってのメリットは、ズバリ「運用次第で老後資金（退職金額）を増やせる」こと。

現役のうちから確定拠出年金を活用し、公的年金だけでは不足する資金を「自助努力」で補ってほしい――。この制度の誕生には、こうした意図もあるのです。

また企業型ＤＣは、導入する企業サイドにとってもメリ

確定給付年金（DB）

- 退職時に従業員が受け取る**給付金の金額が決まっている**
- **資産は企業が運用する**

確定拠出年金（DC）

- 毎月、企業が拠出する**掛け金の金額が決まっている**
- **資産は従業員が運用する**
- **受け取れる給付金の金額は、個々の従業員の運用次第**

ットがあります。

企業型ＤＣが始まるまで、企業の退職金制度の主流は、「確定給付企業年金（ＤＢ）」でした。ＤＢは、退職金の支給額が約束されており、しっかり支給できるように企業が計画的に資金を準備するようになっています。

そのためＤＢでは、運用成果によっては企業側の準備金が約束の支給額に満たない事態も起こり得ます。その場合、企業は不足額を追加で負担しなければならないリスクが生まれてきます。

その点、企業型ＤＣなら、企業が約束するのは掛け金のみで、運用は従業員本人が行うため、企業側も不足額を負担するリスクを軽減できるというわけです。

こうした背景もあって、企業型ＤＣの年金制度を導入する企業は年々増加しており、「2023年の時点での導入企業数は約4万7000件」となっています。

退職金制度を、ＤＢから企業型ＤＣに切り替える企業が増える中で、加入者（従業員）として注意しておくべき点があります。

それは「想定利回り」です。

想定利回りとは、ＤＢから企業型ＤＣに移行する場合において、「従来制度のＤＢと

2022年度の運用利回り

●2022年4月から2023年3月までの期間の運用利回りの平均は3.5%（前回12.7%）

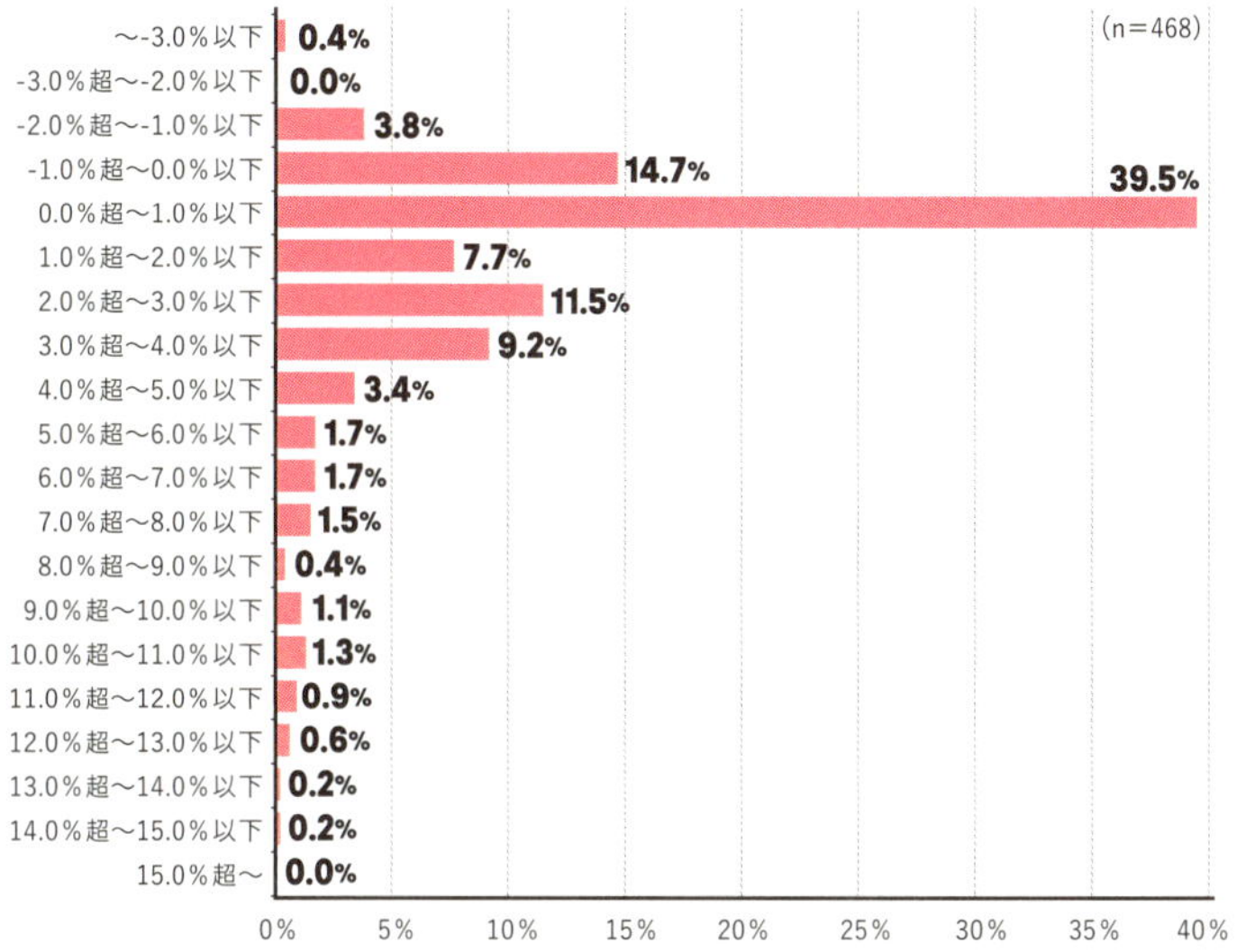

出典：「2022（令和4）年度決算 確定拠出年金実態調査結果（概要版）」（企業年金連合会）

●加入者の通算運用利回り（年率）の平均は2.8%

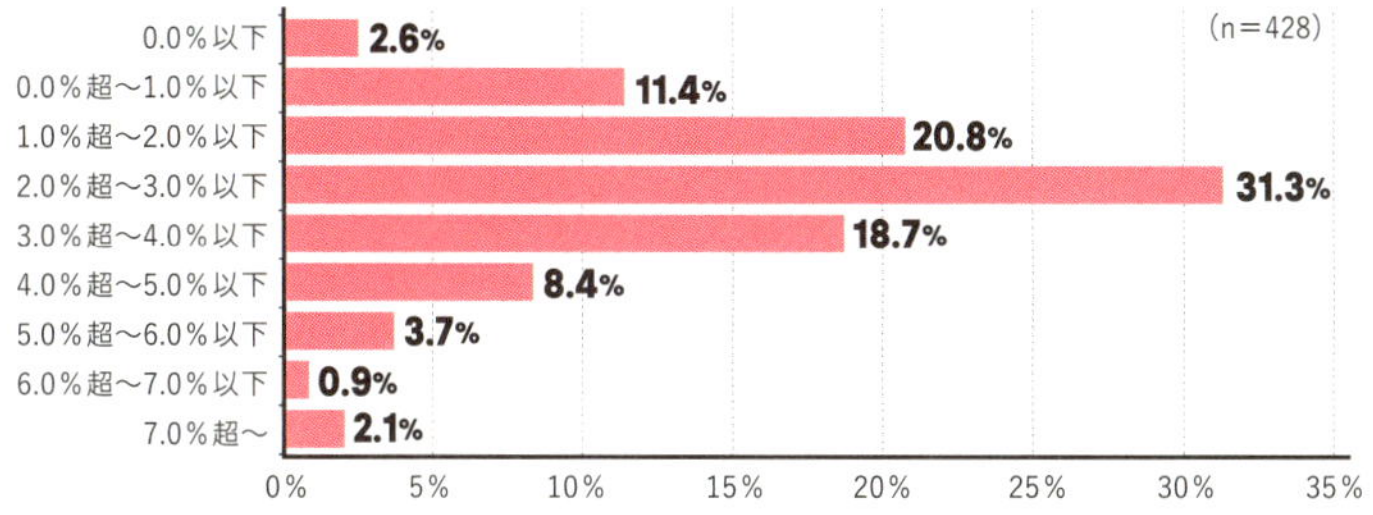

「2018年確定拠出年金実態調査」（企業年金連合会）

同水準の退職金額」となるように運用するために必要な利回りのことです。

２０２１年の調査では、想定利回りは平均１・９１％でした。

一方、加入者の運用利回りを見ると約40％が想定利回りを下回っていることがわかります。想定利回り以上のリターンで運用することができなければ、ＤＢであれば退職金２０００万円受け取れた人が、企業型ＤＣに変わったことで退職金が１５００万円に減ってしまった…ということも起こり得るのです。要は、想定利回り以上の運用ができなければ、退職金が減ってしまうということです。

運営管理機関連絡協議会の調査によれば、**運用利回りがほぼつかない元本確保型を選択されている方は、24・2％、約2000万人いらっしゃいます。**

》「企業型ＤＣ」で、身銭を切らずに老後資金を準備する

繰り返しになりますが、会社員が老後資金の準備を考えるとき、まず第一に考えるべきは「企業型ＤＣ」です。

ＮＩＳＡやｉＤｅＣｏなど、将来的な資産形成にはいろいろな手段があります。それらももちろん有効ですが、それよりも先に、企業型ＤＣに目を向けるべきなのです。

それはなぜか。掛け金を「会社」が出してくれるからです。

ＮＩＳＡやｉＤｅＣｏは〝自分の懐〟から掛け金を支払いますが、企業型ＤＣは会社が出してくれたお金を運用して自分の年金（退職金）を増やすことができる、つまり「身銭を切らず、家計に負担をかけずに資産運用ができる」のです。

また、次章以降でも説明しますが、さまざまな税制優遇措置を受けられるなど、加入者にとってのメリットはほかにもあります。

企業型ＤＣは、勤務先の企業が制度を導入していなければ加入することはできませんが、前述したように導入企業は、近年、右肩上がりに増加しています。導入企業に勤めているならこの制度を活用しない手はない、そう断言していいでしょう。

ところが残念なことに、**せっかく企業型ＤＣの導入企業に入社して、企業型ＤＣに加入しても、「面倒でほとんど運用していない」「これまで一度も内容を確認していない」という人が非常に多い**のが現実です。制度の存在すら知らないまま定年を迎えてしまうケースも決して珍しくありません。

また、この制度についての理解が進んでいないのは企業側にも言えること。企業型DCの管理を行う勤務先の担当部署が、従業員に「企業型DCの制度を運用すれば、退職時に受け取る退職金を増やすことができる」ことを教えられないこともまた現状と言えるでしょう。

なんともったいないことでしょうか。

「はじめに」でも述べたように、たとえば、同じように企業型DCに加入していても、入社時からしっかり運用してきた人と、ただ積み立てるだけで何もせず放置したままの人とでは、40年後の退職時に受け取れる年金（退職金）には約1500万円も差が生じます（運用利回り0％と6％の場合で比較。40年後、6％の人は1991万円、0％の人は480万円）。

企業型DCを理解して運用するかしないかで、老後資金に雲泥の差がつく――。「知らない」「わからない」「面倒」というだけで企業型DCという年金制度から目を背けていると、決して大げさな話ではなく「大損」することになってしまうでしょう。

だからこそ、今すぐに企業型ＤＣに目を向けるべきなのです。制度の仕組みを知り、一刻も早く自分の年金（退職金）の現状をチェックし、より効果的な運用方法に見直すべきなのです。

次章以降、企業型ＤＣの概要や基礎知識から有効活用のヒント、ケーススタディなどをまとめました。

知らなければ何も変わりません。それどころか損をしてしまう。でも知れば、関心を持てば、その日から将来のライフプランは豊かなものに変わっていきます。

さあ、知ることから始めましょう。

第1章

失敗する3つの落とし穴

≫企業型ＤＣで失敗する3つの落とし穴

会社が積み立ててくれる掛け金を運用して、将来受け取る自分の年金額（退職金額）を増やすことができる。できるだけ早く、そして長く運用するほど、リスクを抑えて大きなリターンを得られる期待が高まる。

そんなメリットを有する企業型確定拠出年金（企業型ＤＣ）にもかかわらず、何もせず放置をしていたり、何となく知っていても何となく運用しているだけ、というケースがあまりにも多い——。これが、私が確定拠出年金診断協会を設立して以来、常に実感していることです。

なぜこうした現状がなかなか変わらないのか。せっかくの素晴らしい制度が有効活用されていないのか。多くの会社員の方と企業型ＤＣについてお話をさせていただくうちに、その理由が

「興味がない」

「わからない」

「正しい選択ができていない」

の３つに集約されることに気づいたのです。

そこでまずは、多くの方が陥っている、３つの「ない」について説明します。

①興味がない

とくに20代、30代の方に多いと感じています。

老後はまだ先でイメージできない。大企業勤めで収入も高く、日々のお金に困っていないので、将来お金に困るイメージが湧かない。などの理由で、自身の退職金制度に興味がない方が多くいらっしゃいます。

先にも述べたように、老後の悩みが顕在化してくる40代、50代の方とお話しすると、みなさん20代に知っておきたかったとおっしゃいます。興味が出てきてからでは遅いのです。企業型ＤＣ（退職金）は長い時間をかけて資産を増やすものです。だからこそ、老後にまだ関心がない若いうちから、最低限の興味を持つべきなのです。

②わからない

「確定拠出年金？　企業型ＤＣ？　聞いたことがあるような、ないような――」

「そう言えば、入社時のオリエンテーションで会社から説明された気がする――」

「最初に何か運用商品を選ばされた記憶がある――」

せっかく自分の会社に企業型DCが導入されていても、従業員本人がその制度をよく理解していない――。実は、こうしたケースが少なくありません。

企業型DCを導入している企業に勤めている場合、基本的に入社時に企業型DCの金融機関の担当者から「企業型DCに関する説明会」が行われます。

それでも「よくわからない」という人が出てきます。とくに新卒入社であれば20歳代。入社時にいきなり「定年退職後の生活」「老後の備え」と言われても「まだ先の話」とピンとこないということもあるでしょう。また、企業型DC以外にもさまざまな社内制度の説明会やオリエンテーションがある中で、企業型DCを正しく理解するのは無理があると思います。

2022年12月に野村アセットマネジメント資産運用研究所が、20歳〜69歳の8386人を対象に実施した『確定拠出年金に関する意識調査2023』（37ページのグラフ）によると、企業型DCに加入している人のうち、「制度を詳しく理解している」と答えた人は約3割にとどまっていることがわかりました。

こうしたデータからも、「基本的な仕組みをよく理解できていない」ことが、企業型ＤＣという「活用すべき制度」を宝の持ち腐れにしている大きな理由のひとつになっていると言えるでしょう。

③運用の選択ができていない

企業型ＤＣの受け取り額（退職金額）は、どの運用商品を選択するかで決まります。

それにもかかわらず、

「マイページのログイン方法がわからず運用商品を選択せずに放置している」

「説明会でもよくわからず、運用商品も適当に選んだだけ」

「その運用商品が何だったかも、ほとんど忘

加入別の制度理解（全年齢平均）

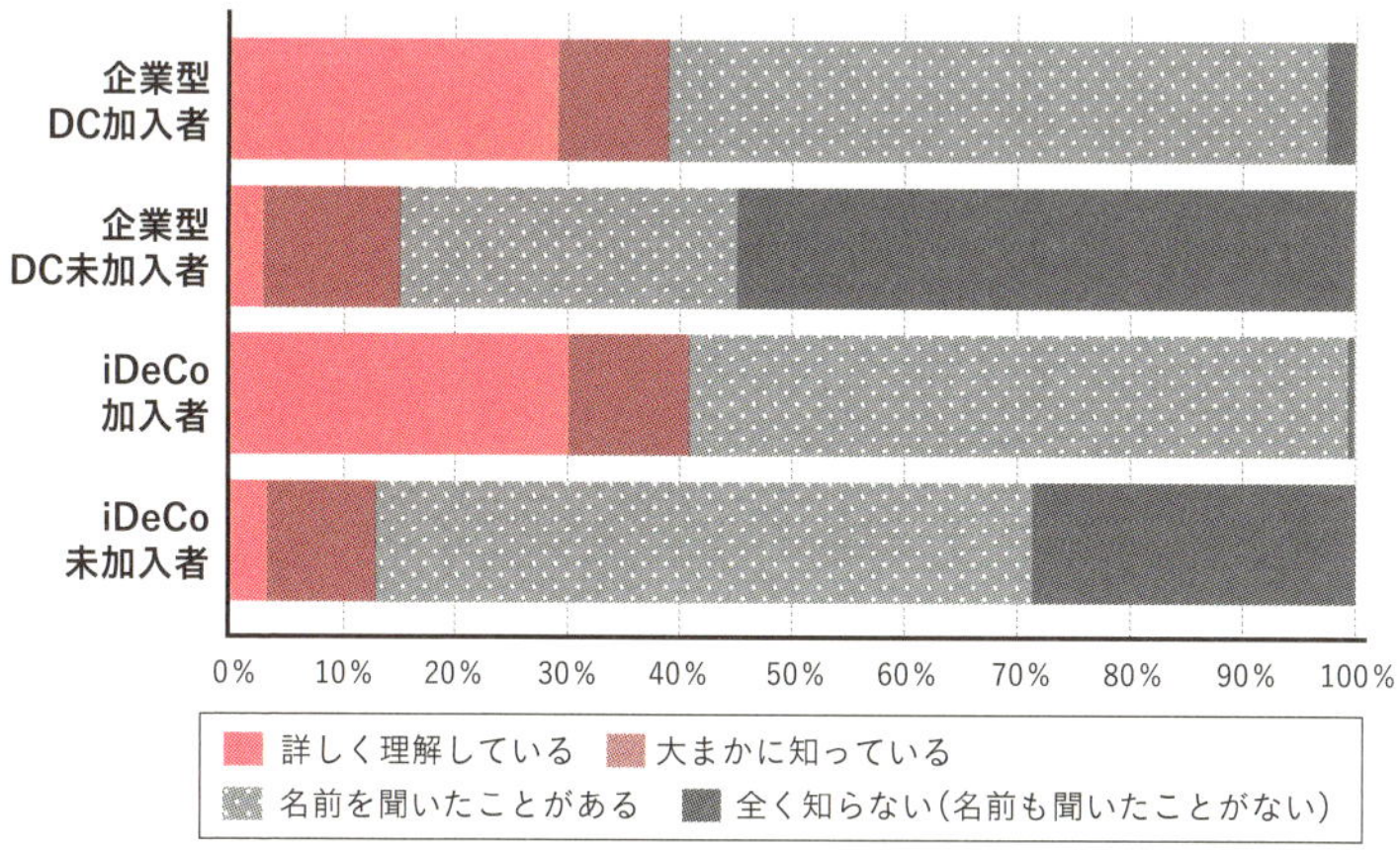

れている」

「入社時に運用商品を決めて、後はほったらかし。見直しもしていない」という方が非常に多くいらっしゃいます。

企業型ＤＣには、「運用する商品を自分で選ぶ」という特徴があります。加入者は、自社の取り扱っている「商品ラインアップ」から、１つもしくは複数の商品を自分で選び、自己責任において運用します。

積み立てるお金は会社が出してくれますが、そのお金で「商品を選ぶのも、運用するのも加入者本人（自分）」というのが企業型ＤＣの基本なのです。

運用商品を選択しない場合、会社によって異なりますが、基本的には、ほぼ資産が増えない元本確保型が自動選択されます。「運用商品を見直そう！」といつか自分で気づくまでは、非常にもったいない機会損失になるのです。

正しい選択ができていないことで、どれだけの損失があるのか見てみましょう。

例えば、会社が新卒入社から60歳の定年までの約40年間、企業型ＤＣで「月１万円」

を積み立てたとしましょう。

運用利回り０％のAさんと、運用利回り６％で運用できたBさん、両者が退職時に受け取れる年金（退職金）はどうなるか。

Aさん「約５００万円」、Bさん「約２０００万円」で、実に１５００万円近い差がつくことになります。


運用商品にはそれぞれ特徴がありますが、数十年単位の長期運用ということを考えると、どんな運用商品を選ぶかによって、最終的な受取額には大きな影響が出ます。場合によっては、この例のように１０００万円以上の差が出る可能性もあるのです。

もし、いま会社から１０００万円のボーナスが受け取れたらどうですか？　嬉しいですか？　どんなことにお金を使いますか？

あなたがいま、運用商品の選択を見直すことで、老後に

月1万円の会社積み立て・新卒から定年の60歳まで0％・6％で運用できた場合

プラス1000万円のボーナスがもらえるかもしれません。それだけ1つの選択が重要なのです。

わからないから、難しいから、という理由で放置するのをやめませんか？

》企業型DCで失敗しないために

失敗しないと書きましたが、資産運用である以上、最も増える100点の方法は誰にもわかりません。ただ、80点をとる失敗しない方法があります。

それは、
①現在地とゴールを知る
②ゴールを達成するための知識と考え方
③運用商品選びの基本プロセス
④受け取りに向けた出口戦略
です。

次の章から解説していきます。

第２章

現在地とゴールを知る

なぜ、現在地とゴールを知る必要があるのか

たとえば、近所のコンビニに買い物に行くときは何で移動しますか？　徒歩や、自転車、車の人もいると思います。

では、東京から大阪に行くときは何で移動しますか？　飛行機や新幹線、人によっては車の人もいるでしょう。

何が言いたいかというと、目的地（ゴール）によって、選ぶべき手段は異なるということです。これは企業型ＤＣの運用先選びでも全く同じことが言えます。

企業型ＤＣの個別相談をしていると、初回面談で「どの運用商品を選べばいいんですか？」と聞かれることがあります。その質問に即答することはできません。なぜなら、相談者の現在地とゴールがわからないからです。**ＹｏｕＴｕｂｅをはじめとした、さまざまなＳＮＳで「この商品で運用すべき！」のような発信がされています。１つの選択肢を多くの人に当てはめてしまうのは、本質や目的から外れた選択になる可能性があると当協会では考えています。**

目的に合った運用商品を選択するためには、まずは個々で異なるゴール（老後いくら必要なのか）と、現在地（運用状況の確認）を明確にすることが重要です。

ゴールを知る

→老後いくら必要なのか

まずは「老後いくら必要なのか」、老後の支出について一緒に整理してみましょう。

序章でも触れましたが、２０１９年に話題になった「２０００万円問題」で試算されている老後の毎月の生活費

高齢夫婦無職世帯の家計収支―2017年

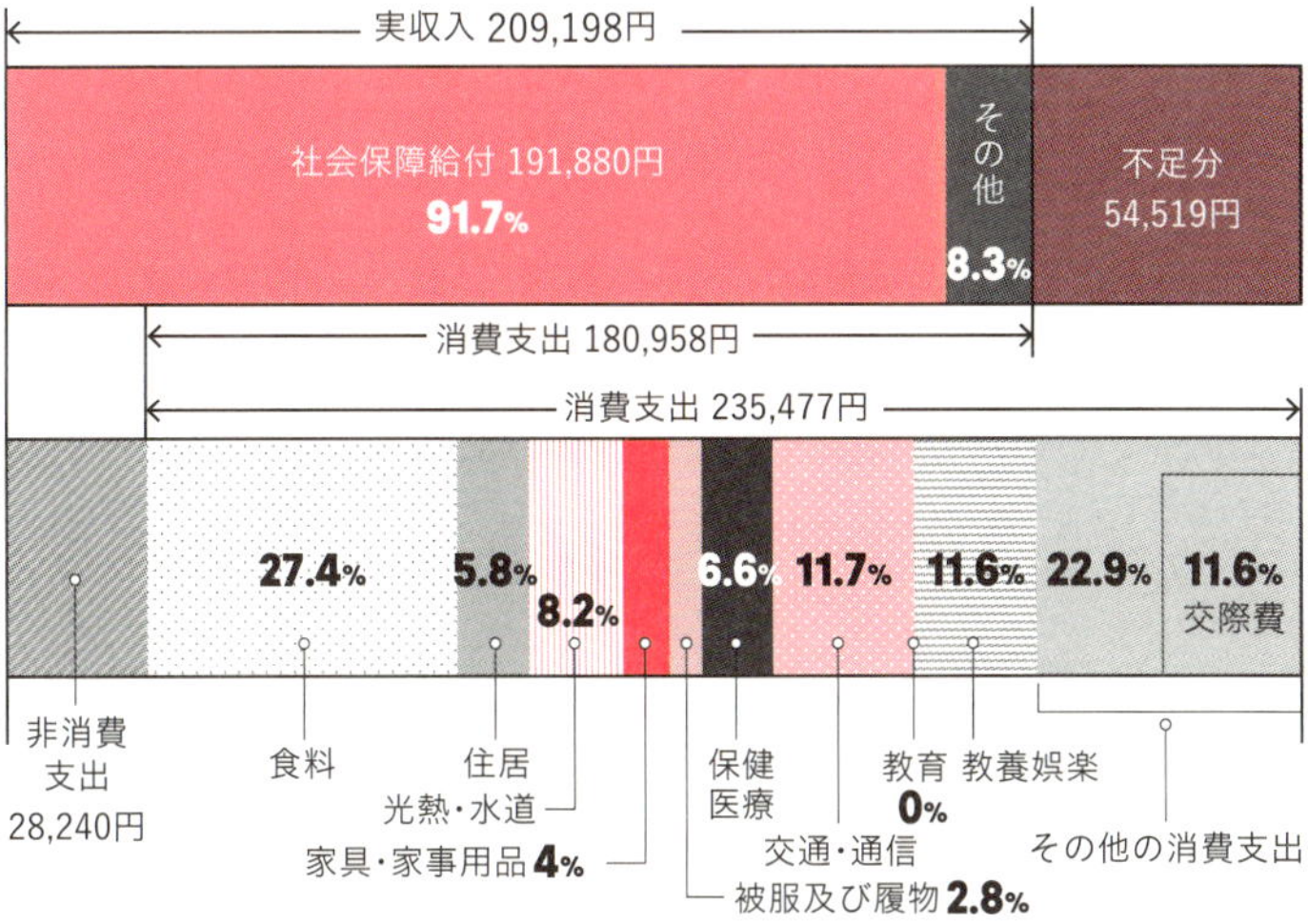

総務省統計局　「家計調査年報2017年」

は、約26万円です。この約26万円は１人の生活費ではなく、夫婦２人の生活費です。みなさんは26万円で毎月生活していけそうでしょうか？

個別相談や勉強会をしていると、この金額では足りないと思う、という方もいらっしゃいます。たとえば、「２０００万円問題」で試算されている支出の内訳の１つである住居費は、毎月約１・５万円で試算されています。住宅ローンが残っている方や、賃貸暮らしの方は大きな支出が別途かかる可能性があります。

また、大企業勤めの共働き世帯などは、世帯収入が高く、支出水準もおのずと高くなる傾向もあり、約26万円では到底生活できないとおっしゃる方もいます。

ゆとりある老後生活費

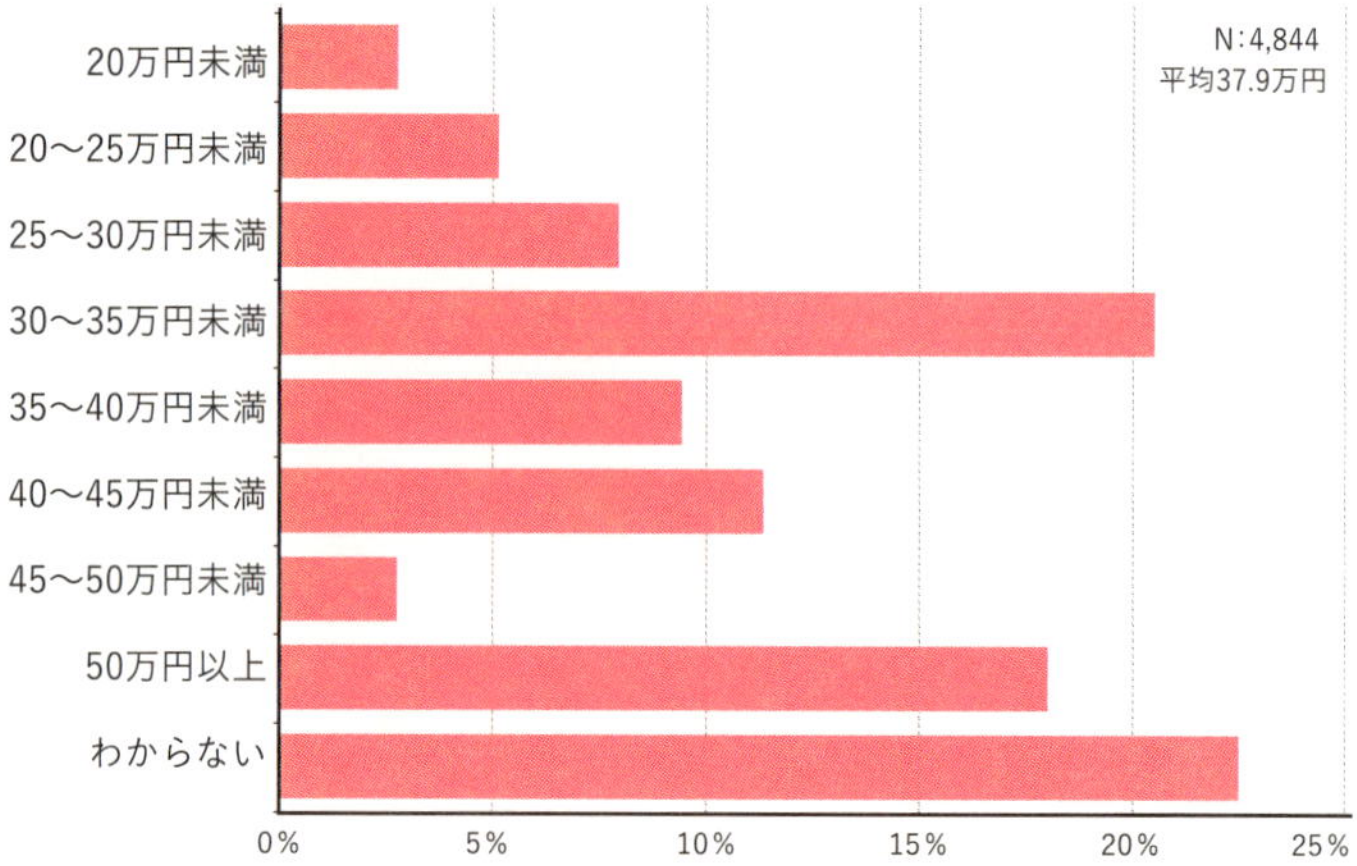

生活保険文化センター「2022（令和4）年度　生活保障に関する調査」より

生命保険文化センターの調査では、老後ゆとりのある生活をするためには、月に約37・９万円が必要としています。

また、みなさんの定年退職は何年先でしょうか？

そのころには、モノの価格はどうなっていそうでしょうか？

たとえば、約30年前は自販機の飲み物は１００円ほどでした。現在は１６０円ほどです。消費税の影響を除いたとしても、30年で約50％価格が上がっています。

みなさんが老後を迎えるころには、さまざまなモノの価格が上がっている可能性があるのです。現在、毎月20万円で生活できていても、老後は毎月40万円必要になるかもしれません。

怖いという理由で資産運用をしない方がいますが、お金を運用しないということはインフレにより「実質お金の価値が下がっている」ということを知っておく必要があります。

これからの時代、「リスクを取らない」選択は、むしろリスクかもしれないのです。

インフレリスクを踏まえ、必要な生活費については楽観的に少なく考えるより、悲観的に多めに考えておくことをオススメしています。なぜなら、老後を迎えてから、生活費が足りない！と思っても、取れる手段が限られるからです。

老後必要な生活費は各自で異なります。目安として、金融庁も簡易的なライフプランシミュレーションを公開しています。入力してイメージをつかむのもいいと思います。ただし、どうしても簡易的なシミュレーションだと、住宅ローンや教育資金など個々の条件設定ができなかったり、物価上昇なども反映できないため、より正確な金額を把握するためには専門家にライフプラン表を作成してもらい、毎年、進捗を確認するようオススメします。

（参考）金融庁ライフプランシミュレーター
https://www.fsa.go.jp/policy/nisa2/lifeplan-simulator/

インフレで起こる、資産価値の下落

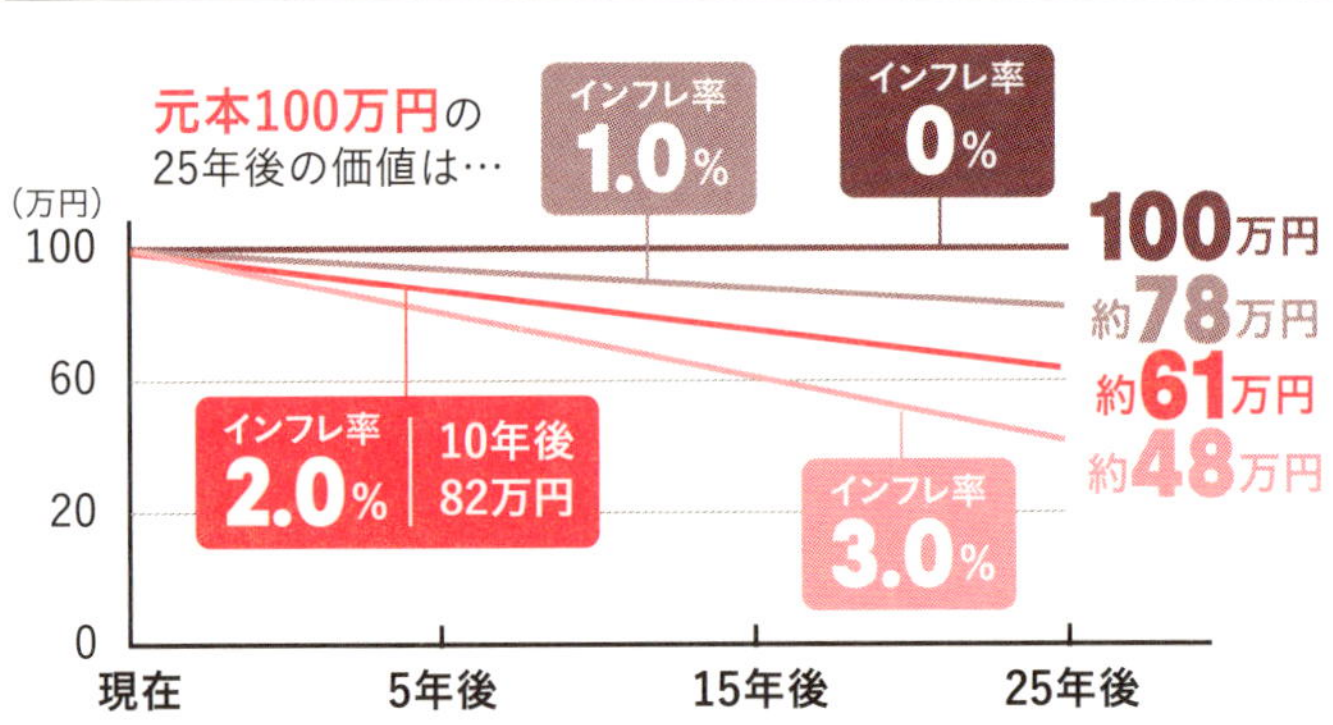

※上記グラフは、すべて推定インフレ率1%、2%、3%を基に算出しています。
あくまでも参考指標として提供することのみを目的としており、
将来を予想・保証もしくは示唆するものではありません。

》公的年金はいくらもらえるのか

次に、老後の収入です。老齢年金以外にも、老後も働き続けることでの収入や、不動産所得や配当所得などがあれば加味して考えてみてください。

みなさんは、公的年金に期待していますか？

これは非常に難しい問いですね。未来のことは断言できませんので、過去の事実をお伝えします。

厚生年金の受給開始年齢は、段階的に後ろ倒しになっています。

また、受給額の計算式内の係数が平成15年4月に改訂になり、受給額が少なくなるように変わりま

年金の受給開始年齢（性別・生年月日別）

生年月日	厚生年金	国民年金
男 28年4月2日〜30年4月1日 女 33年4月2日〜35年4月1日	61歳	65歳
男 30年4月2日〜32年4月1日 女 35年4月2日〜37年4月1日	62歳	65歳
男 32年4月2日〜34年4月1日 女 37年4月2日〜39年4月1日	63歳	65歳
男 34年4月2日〜36年4月1日 女 39年4月2日〜41年4月1日	64歳	65歳
男 36年4月2日〜 女 41年4月2日〜	65歳	65歳

した。

このように、今後も受給開始年齢が後ろ倒しになったり、受給額が減る可能性はあります。

現時点での公的年金受け取り額は、毎年誕生月に送られる年金定期便でも確認できます。将来の受給額は金融庁がシミュレーションを作ってくれていますので、ぜひ試してみてください。

（参考）金融庁公的年金シミュレーター
https://nenkin-shisan.mhlw.go.jp/

不足額はいくらか

老後の支出額と収入額のイメージができたら、下の式を穴埋めして、自分で準備すべき老後資金を計算してみましょう。

［ 毎月生活費 ＿＿万円 － 毎月年金受給額 ＿＿万円 ］ ×12か月× 老後年数 ＿＿年

毎月生活費：2000万円問題 月26万円 / ゆとりある生活 **月37.9万円**

毎月年金受給額：一般的な年金受給額 **月20万円**（夫婦2人）

＝ 必要準備資金 ＿＿万円

あくまで概算ではありますが、この金額を企業型DCで補うことができれば安心できるわけです。これがあなたのゴールです。

現在地を知る

ゴールが明確になったので、今後は現在地を確認していきましょう。

現在地を知るには、『確定拠出年金お取引状況のお知らせ』を見るのが、最もわかりやすいです。

『確定拠出年金お取引状況のお知らせ』は毎年1回4月頃に、運営管理機関※に登録されている住所に封書で発送されます（年2回のケースもあり、その場合は基本4月末～5月初旬・10月末～11月初旬に発送されます）。

封筒を開かずにゴミ箱へ……と聞くこともありますが、言語道断です。

●万が一、お知らせを紛失してしまった場合や、ペーパーレス化でお知らせを郵送していない企業の場合は、運営管理機関のWEBサイトからID・パスワードで「マイページ」にログインし、閲覧することも可能です（ＩＤ・パスワードがわからない場合は、ＩＤ→社内担当部署に確認、パスワード→運営管理機関のコールセンターやマイページ上で再発行できます）。

※運営管理機関とは…
『確定拠出年金お取引状況のお知らせ』の発送元は、「記録関連運営管理機関」と呼ばれる、確定拠出年金に関する記録や管理関連の業務を行っている企業です。本文中では運営管理機関と記載しています。窓口になっている銀行や証券会社ではありません。運営管理機関は4社あり、「日本インベスター・ソリューション・アンド・テクノロジー株式会社（ＪＩＳ＆Ｔ）」、「日本レコード・キーピング・ネットワーク株式会社（ＮＲＫ）」、損保ジャパンＤＣ証券株式会社、ＳＢＩベネフィットシステムズ株式会社です。運営管理機関は『確定拠出年金お取引状況のお知らせ』に記載されているので確認することができます。運営管理機関がＪＩＳ＆Ｔの場合は『お取引状況のお知らせ』、ＮＲＫの場合は『残高のお知らせ』という名称の通知が届きます。

このお知らせは、〝あなたの現在地〟です。資産状況を把握するための、非常に重要な情報がたくさん載っています。

たとえば

- **前年12月末でどれだけ得しているか損しているか**
- **前々年12月末からの1年間でどれだけ資産が増減したか**
- **毎月の積立額と、積立総額**
- **どの運用商品を選択しているのか、各運用商品の損益**
- **資産全体での運用商品の比率（ポートフォリオ）**

といった自分の大切な年金の運用状況が記載されています。

お知らせをチェックして

「現在の年金資産（退職金額）は○○万円、このままの運用実績だと老後時点には○○万円くらいになりそう」

「このままでは、老後必要資金を補えない可能性があるので、もう少し比率を変えてみよう」

といった現在地の再確認と、ゴールに向けた運用の見直しを行うのが、このお知らせの本来の使い方です。

このお知らせの見方を掲載します。
運営管理機関によって、フォーマットが異なりますので、参考にご覧ください。
現時点での年金資産の総額がどのくらいで、どのくらいの損益が出ているか、基本情報が記載されています。

年金資産評価額
基準日時点で運用商品をすべて売却した場合の時価評価額。現時点での評価額で、退職時にもらえる金額とは異なります。

運用金額
毎月拠出している掛金の累積合計金額

評価損益
基準日時点における年金資産全体の運用利益または運用損失

年金資産評価額の内訳

基準日時点での年金資産のポートフォリオ（運用商品の配分比率）

上位5商品のみ個別表示。それ以外は「その他商品合計」として記載され、すべての運用商品の明細は別の個所に記載。

運用金額の内訳

・掛金額：この企業型DCでこれまでに拠出された掛け金の合計
・制度移行金額：この企業型DC以外の企業年金制度などからDCに移換した金額の合計
・受換金額：転職などで他の確定拠出年金、企業年金から移換された年金資産の額
・給付金額：一時金と年金給付の合計
・移換金額：転職などで現在のDCから他の年金制度へ移換される年金資産の額
・手数料：加入者が負担した手数料の合計金

【1ページ目】

※宛名部分は、事業主から配付される場合の例です。

作成日 2017.10.13
ﾍﾟｰｼﾞNo. 1/ 8

拠出 太郎 様

XXXXXXX－XXXXXXX－XXXXXXXXXX
－XXXXXXXXXX－XXXXXXXXXX

企業名 ○○○株式会社

事業所名 本社

所属名 △□○部
従業員番号 9999999999

mmddDKIP0100－XXXXXXX－XX／XX－XXXXXX

確定拠出年金お取引状況のお知らせ

契約名/契約番号 1234567
○○○確定拠出プラン
企業名/企業番号 2345678
○○○株式会社
加入者口座番号 1234567890
記録関連運営管理機関
JIS&T 日本ｲﾝﾍﾞｽﾀｰ･ｿﾘｭｰｼｮﾝ･ｱﾝﾄﾞ･ﾃｸﾉﾛｼﾞｰ株式会社
［略称：JIS&T(ジス・アンド・ティ)］

お問い合せ先 XXXX－XX－XXXX

平素より格別のお引き立てを賜り、誠にありがとうございます。
あなた様の今回基準日時点の年金資産評価額と2017年 4月 1日から2017年 9月30日までのお取引状況をご報告いたします。なお、ご不明の点等がございましたら、上記の「お問い合せ先」までご連絡ください。

今回基準日 2017年 9月30日 ① 前回基準日 2017年 3月31日

1．今回基準日時点の年金資産状況

❶評価損益

年金資産評価額		② 運用金額		③ 評価損益
89,422円	－	41,706円	＝	47,716円

運用金額の内訳

掛金額(定時拠出)	+	④ 制度移行金額	+	⑤ 受換金額	－	⑥ 給付金額・移換金額	－	⑦ 手数料
80,000円	+	100,000円	+	450,000円	－	587,862円	－	432円

❷ 年金資産評価額の内訳（上位5商品を個別表示し、それ以外の商品および待機資金は「その他商品合計」に合算表示します。）

⑧

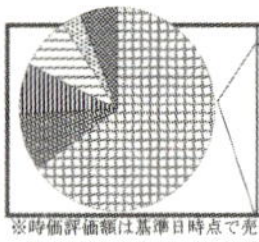

	商品番号	商品名	割合	時価評価額
	006	DC定期 5年	65%	58,000円
	001	DC投資信託	9%	8,222円
	003	DC定期 3年	8%	7,600円
	004	DC GIC	8%	7,600円 ※
	002	DC定期 1年	3%	3,000円
		その他商品合計	6%	5,000円

※時価評価額は基準日時点で売却を行った場合の金額を表示しております。当該商品については満期まで保有した場合の金額を次ページ以降に記載しておりますのでご参照ください。

①評価損益
年金資産評価額：基準日時点で運用商品の売却を行った場合の金額（時価評価額）、待機資金及び運用の指図が行われていない資産（未指図資産）の合計額です。
商品によっては売却時に掛かる解約手数料等を差引いた額を使用しているため、時価評価額が元本を下回って表示される場合がありますのでご注意ください。商品個別の時価評価額については次ページ以降をご参照ください。
待機資金：基準日時点で取引が完了していない資金等です。待機資金は年金資産評価額に含まれます。
未指図資産：基準日時点で運用の指図が行われていないため、現金等として管理されている資金です。
未指図資産は年金資産評価額に含まれます。
運用金額：現在の確定拠出年金制度に拠出された金額です。給付を受けられている方は給付金額を減算しています。
評価損益：基準日時点における年金資産全体での"運用利益（プラス）"又は"運用損失（マイナス）"を表しています。
●運用金額の内訳
掛金額（定時拠出）：現在の確定拠出年金制度に掛金として拠出された金額の累計です。
制度移行金額：企業年金制度又は退職手当制度（退職金制度）等から現在の確定拠出年金制度に移された年金資産の累計です。
受換金額：転職等により、他の確定拠出年金制度又は他の企業年金制度等から現在の確定拠出年金制度に移された年金資産です。
給付金額：給付金額は一時金および年金としてお支払いした金額（税込）の累計です。
移換金額：転職等により、現在の確定拠出年金制度から他の確定拠出年金制度や他の企業年金制度等に移される年金資産です。
規約の定めにより事業主へ返還した掛金を含みます。
手数料：毎月の掛金額等からあなた様が負担された事務費等の金額の累計です。
②年金資産評価額の内訳
今回基準日時点の商品毎の時価評価額が年金資産評価額に占める割合をグラフ表示しています。
なお、「割合」に関しましては、小数点以下を四捨五入した数値を表示しておりますので、合計が100%にならない場合があります。

－次ページへつづく－

mmddDKIP0100－XXXXXXX－XX／XX－XXXXXXX－XXXXXXX

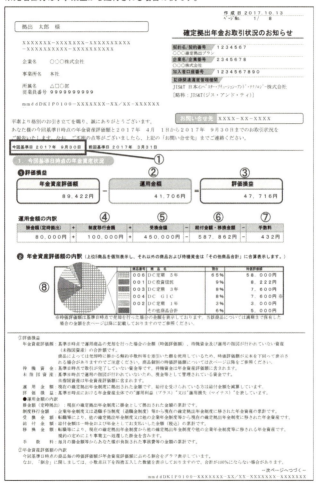

【2ページ目、3ページ目】

商品番号　商品種類 商品名	掛金（定時拠出） の商品別配分	残高 時価単価 時価単価の単位	時価評価額
００１　オープン型投信等 ＤＣ投資信託	２０％	８，２２２口 １０，０００円 １０，０００口	８，２２２円
００２　定期預金 ＤＣ定期　１年	２０％	３，０００円 －	３，０００円
００３　定期預金 ＤＣ定期　３年	２０％	７，６００円 －	７，６００円
００４　ＧＩＣ ＤＣ　ＧＩＣ	２０％	８，０００口 －	７，６００円 （８，８００円） 注：下段注意文言参照
００６　定期預金 ＤＣ定期　５年	２０％	５８，０００円 －	５８，０００円

時価評価額合計	８４，４２２円
待機資金	５，０００円
未納手数料（収納予定手数料）	１００円
年金資産評価額	８９，３２２円

●掛金額（定時拠出）の明細

拠出日	事業主掛金額	加入者掛金額	掛金額	拠出区分期間（拠出の対象となる期間）
２０１８年４月２５日	６，０００円	４，０００円	１０，０００円	２０１８年３月分掛金
２０１８年５月２５日	６，０００円	４，０００円	１０，０００円	２０１８年４月分掛金
２０１８年６月２５日	６，０００円	４，０００円	１０，０００円	２０１８年５月分掛金
２０１８年７月２５日	６，０００円	４，０００円	１０，０００円	２０１８年６月分掛金
２０１８年８月２４日	６，０００円	４，０００円	１０，０００円	２０１８年７月分掛金
２０１８年９月２５日	６，０００円	４，０００円	１０，０００円	２０１８年８月分掛金
合計	３６，０００円	２４，０００円	６０，０００円	

各月の事業主掛金の拠出者は、規約に記載されている事業主様です。

事業主掛金額累計　８０，０００円　**加入者掛金額累計**　４０，０００円

規約に定められた納付月に拠出されなかった場合や適切な届出がされなかった場合は、拠出区分期間が正しく表示されない場合があります。
還付の取扱をされた場合、掛金額累計より還付対象掛金額を控除して表示しております。

●掛金額（定時拠出）の明細

拠出日	掛金額	拠出区分期間（拠出の対象となる期間）
２０１８年４月２５日	１０，０００円	２０１８年３月分掛金
２０１８年５月２５日	１０，０００円	２０１８年４月分掛金
２０１８年６月２５日	１０，０００円	２０１８年５月分掛金
２０１８年７月２５日	１０，０００円	２０１８年６月分掛金
２０１８年８月２４日	１０，０００円	２０１８年７月分掛金
２０１８年９月２５日	１０，０００円	２０１８年８月分掛金
合計	６０，０００円	

各月の掛金の拠出者は、規約に記載されている事業主様です。

確定拠出年金・残高のお知らせ

1ページ

【別紙4】

作成日　2007年　4月　6日
作成基準日　2007年　3月　31日

100-0005
千代田区丸の内３－４－１
年金　太郎　様

000006　11009521　356
0001002236　0000102599

TX10000026♯

日頃よりお引き立てを賜り、ありがとうございます。お客さまの確定拠出年金の残高とお取引内容につきまして、以下ご報告させていただきます。

運営管理機関
NRK銀行

20000001
LPBB0010

お知らせ

運営管理機関（登録番号）	NRK銀行	(8000001)	加入者資格取得日	2001 年 12 月 1 日
運用関連運営管理機関（登録番号）	NRK銀行証券	(8000002)	加入者資格喪失日	2003 年 9 月 11 日
プラン名（プラン番号）	401Kプラン	(000027)	運用指図者資格取得日	2003 年 9 月 11 日
プランコース名（プランコース）	NRK商事	(20000045)	運用指図者資格喪失日	
商品グループ名（商品グループコード）	グループA	(001)	性別	男性
加入者番号	0000000010		生年月日	1971 年 9 月 12 日
老齢給付金受給権取得日	2001年1月31日		連絡先電話番号	03-4321-5678

現在の資産評価額

2007年3月31日現在

(A) 資産評価額	500,000 円
(B) 拠出金累計	450,000 円
(C) 給付金累計・移換金送金額	0 円
(D) 評価損益（A－B＋C）	50,000 円
(E) 個人別管理資産額（A－F）	490,000 円
(F) 解約控除額等	10,000 円

●拠出金累計（B）の内訳

①加入者掛金	450,000 円
②移換金	0 円
合　計	450,000 円

※資産評価額(A)は、以下の手数料等累計が差し引かれています。
手数料等累計　4,500 円

前回ご報告

2006年3月31日時点

資産評価額	450,000 円
拠出金累計	380,000 円
給付金累計・移換金送金額	0 円
評価損益	70,000 円
個人別管理資産額	440,000 円

各金額の解説は裏面をご参照ください。
記載している資産評価額、評価損益等は日々変動しています。最新の金額はWeb（インターネット）やコールセンターでご確認いただけます。
お客さまは、確定拠出年金で積み立てた資産を一時金または年金で受け取ることができます。請求手続きについては下記コールセンターへ問い合わせください。

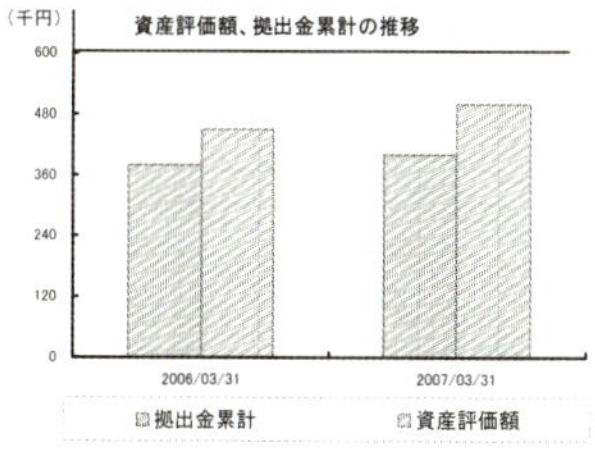

※給付金累計・移換金送金額がある場合は、拠出金累計から控除しています。
控除後マイナスとなる場合は0円としています。

ご不明な点、お問い合わせについては、インターネットまたはコールセンターをご利用ください。

運営管理業務の一部は日本レコード・キーピング・ネットワーク株式会社が行っております。

コールセンター
NRK銀行株式会社コールセンター
03-1234-5678

インターネット
NRK銀行株式会社401Kホームページ
http://www.nrk.co.jp

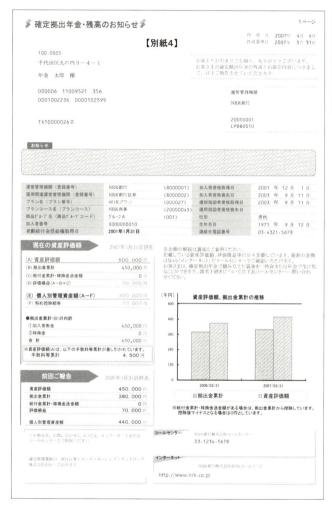

加入者番号　0000000010　　作成基準日　2007年 3月 31日　　2 ページ

お客様の確定拠出年金の資産残高状況

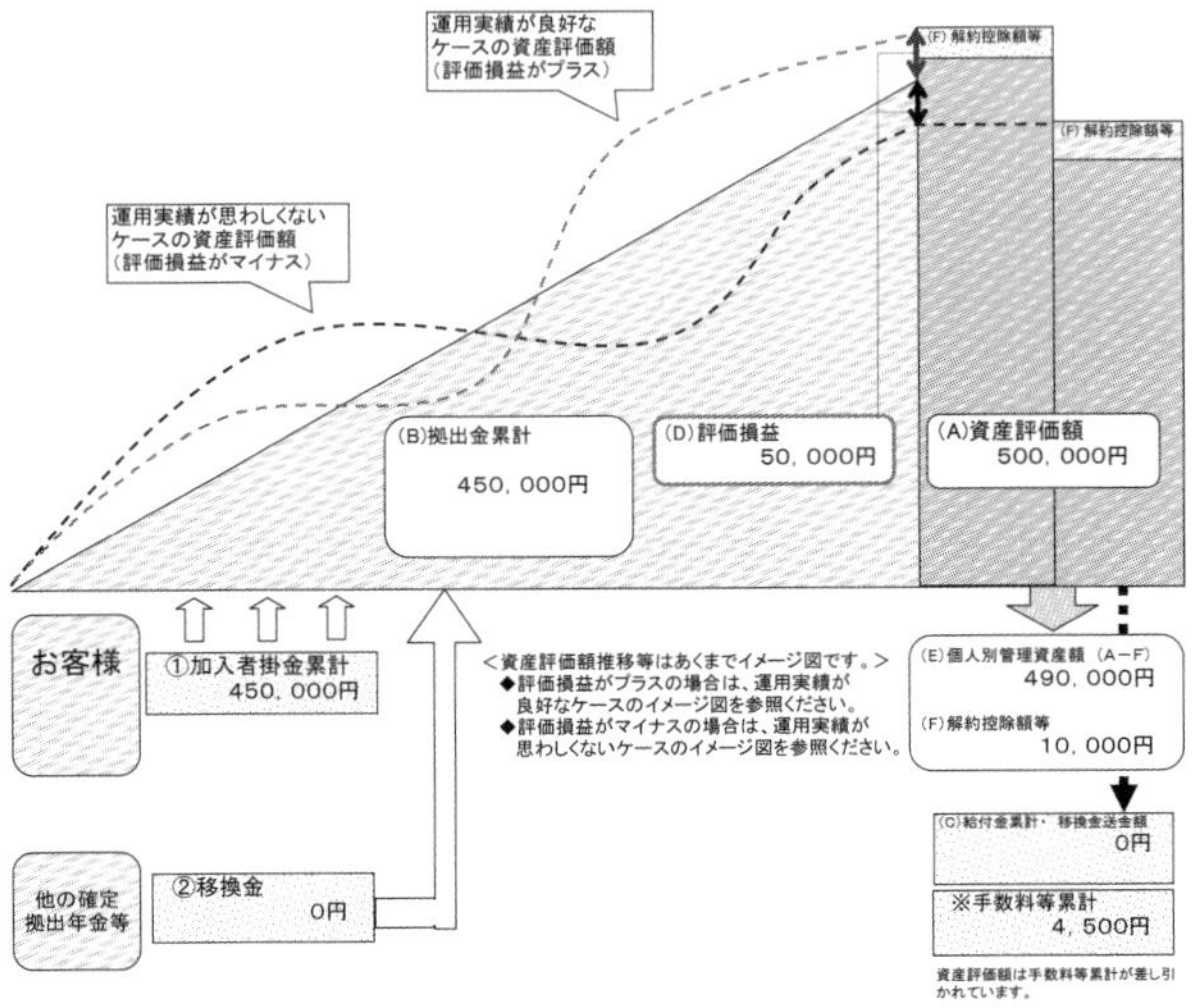

用語解説

(A)	資産評価額	作成基準日時点の時価額です。資産運用の実績等により日々変動しています。
(B)	拠出金累計	下記①②の合計
	①加入者掛金累計	これまでにお客様が拠出された拠出金の累計額です。
	②移換金	転職等により、他の確定拠出年金等から現在の確定拠出年金へ移された金額です。
(C)	給付金累計・移換金送金額	作成基準日までに支払われた給付金の累計額です。（源泉徴収税額等の金額が含まれています。） 転職等により他の確定拠出年金へ移された場合は、移換した金額を計上しています。
(D)	評価損益	作成基準日時点の運用収益（損益）です。資産評価額をベースに算出しています。 「(A)資産評価額−(B)拠出金累計＋(C)給付金累計・移換金送金額」を表示しています。
(E)	個人別管理資産額	資産評価額から解約時に必要となる解約控除額等を差し引いた金額です。 作成基準日時点で運用商品を全て解約したと仮定した場合の金額となります。
(F)	解約控除額等	保険商品の解約控除や投資信託の信託財産留保額等が該当します。資産評価額と個人別管理資産額の差額を表示しています。
※	手数料等累計	加入者掛金や資産評価額から差し引かれた国民年金基金連合会、運営管理機関、事務委託先金融機関の手数料累計額です。

加入者番号 0000000086　　作成基準日 2001年 1月31日　　00000002 3ページ

運用商品別の資産評価額および個人別管理資産額 2007年 3月31日現在

■資産評価額における運用商品の保有比率

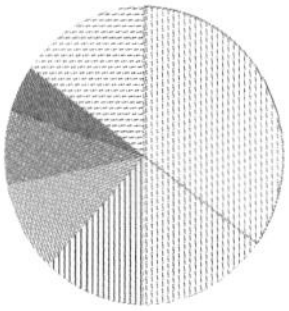

※資産比率が5%未満または資産比率が上位7位以下は「その他」として表示しています。(年金商品はグラフに含まれていません。)
※各運用商品の資産評価額は、解約控除等適用前の金額です。他の運用商品へ預け替えを行った場合、解約控除等が適用され資産評価額を下回ることもあります。

■ 資産評価額および個人別管理資産額 合計

商品名	残高数量	基準日 基準価額 解約価額	資産評価額(A) 個人別管理資産額	資産比率 (%)	取得価額累計(B) 損益(A−B)
GIC型保険	217, 222		219, 035円 218, 985円	23. 72	217, 120円 1, 915円
国内投信	150, 310	03/31 10, 586円 10, 581円	230, 770円 230, 545円	25. 00	236, 168円 ▲5, 398円
定額貯金	240		240, 000円 240, 000円	26. 00	240, 000円 0円
定期1年	233, 360		233, 360円 233, 360円	25. 28	233, 360円 0円
合計			923, 165円 922, 890円	100. 00	926, 648円 ▲3, 483円

加入者番号 0000000086　　作成基準日 2001年 1月31日　　00000002 3ページ

運用商品別の資産評価額および個人別管理資産額(前回) 2006年 3月31日現在

■ 資産評価額および個人別管理資産額 合計

商品名	残高数量	基準日 基準価額 解約価額	資産評価額(A) 個人別管理資産額	資産比率 (%)	取得価額累計(B) 損益(A−B)
GIC型保険	217, 222		219, 035円 218, 985円	23. 72	217, 120円 1, 915円
国内投信	150, 310	03/31 10, 586円 10, 581円	230, 770円 230, 545円	25. 00	236, 168円 ▲5, 398円
定額貯金	240		240, 000円 240, 000円	26. 00	240, 000円 0円
定期1年	233, 360		233, 360円 233, 360円	25. 28	233, 360円 0円
合計			923, 165円 922, 890円	100. 00	926, 648円 ▲3, 483円

≫あなたは今どのフェーズ？

現在地とゴールを踏まえて運用商品を選択していくわけですが、あなたがどのフェーズにいるかによって基本戦略が変わってきます。

おもにフェーズは3つに分けられます。20代―40代の資産形成期。50代の資産保全期、60代以降の資産活用期。

資産形成期では、どう将来の資産を作るかを考えていきます。

資産保全期では、企業型DC以外の資産ともトータルで考え、リタイアに向け資産をどう守っていくかを考えます。

資産活用期では、計画的な取り崩しと継続的な運用で、資産寿命を延ばすことを考えます。

ライフステージと基本戦略

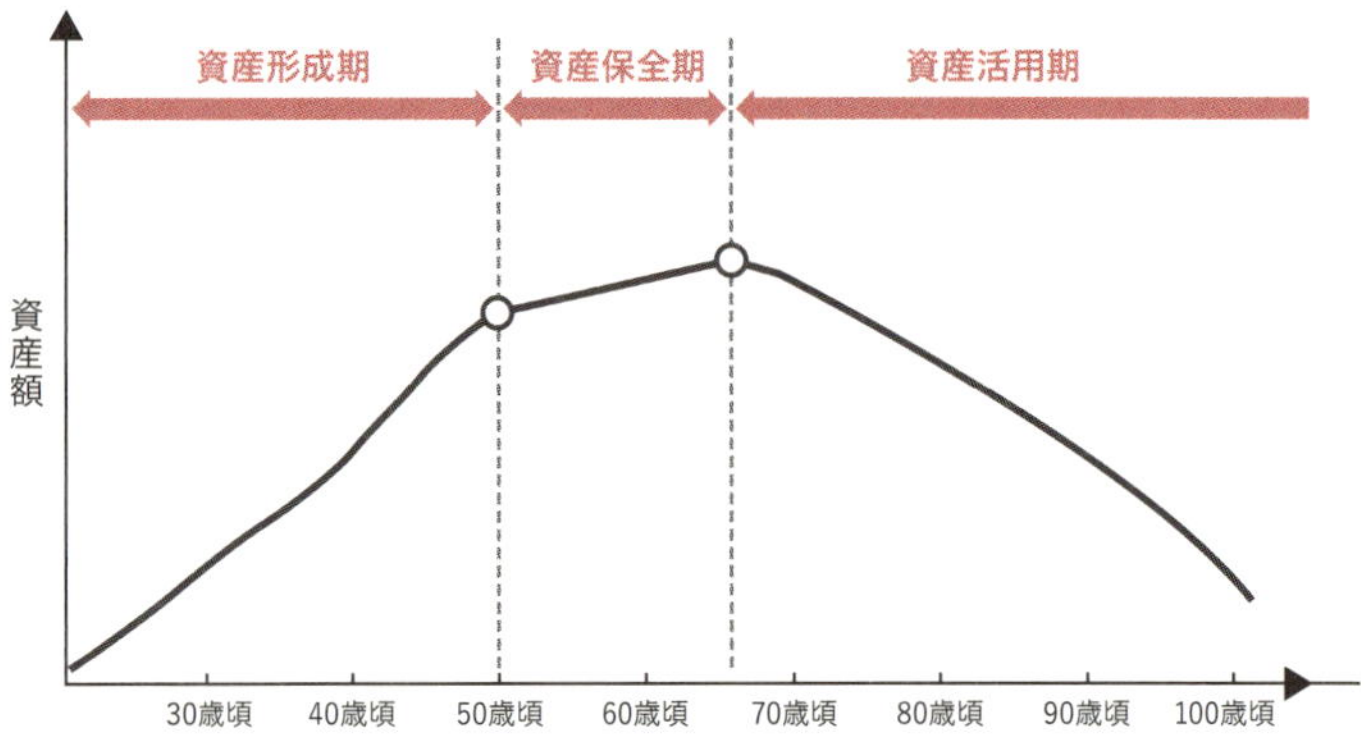

あなたは、今どのフェーズですか？

第3章

ゴールを達成するための知識と考え方

第2章で、現在地とゴールがおおむねわかったと思います。

何度も言いますが、企業型DCは自分で運用商品を選ぶ必要があります。

運用商品ラインナップは企業ごとに異なります。下に、ある企業の運用商品ラインナップを載せています。

みなさんは、このラインナップを見て、ご自身で運用商品を選択できそうでしょうか？

ご自身のラインナップを確認したい場合は、入社時や制度導入時に配布されている加入者パンフレットか、マイページにログインしてご確認ください。

この第3章では、ゴールに向けて運用商

運用商品ラインナップ例

元本確保型商品

カテゴリー	運用商品名	運用会社名
定期預金	ろうきん定期(スーパー型)	労働金庫連合会
年金保険	フコク DC 積立年金(5 年)	富国生命

元本変動型商品(パッシブ)

カテゴリー	運用商品名	委託会社名	信託報酬(税込)	信託財産留保額
国内株式	三井住友・DC つみたて NISA 日本株・インデックスファンド	三井住友 DS アセットマネジメント	0.176%	-
	ニッセイ日経平均インデックスファンド	ニッセイアセットマネジメント	0.154%	-
海外株式	ニッセイ外国株式インデックスファンド	ニッセイアセットマネジメント	0.1023%	-
	EXE-i 新興国株式ファンド	SBI アセットマネジメント	0.3615%程度	-
	SBI・V・S&P500 インデックス・ファンド	SBIアセットマネジメント	0.0938%程度	-
内外株式	SBI・全世界株式インデックス・ファンド <雪だるま>(全世界株式)	SBI アセットマネジメント	0.1102%程度	-
	SBI・先進国株式インデックス・ファンド <雪だるま>(先進国株式)	SBI アセットマネジメント	0.1022%程度以内	-
内外債券	EXE-i 先進国債券ファンド	SBI アセットマネジメント	0.417%程度	-
国内債券	三菱 UFJ 国内債券インデックスファンド(確定拠出年金)	三菱 UFJ 国際投信	0.132%	-
海外債券	野村外国債券インデックスファンド(DC)	野村アセットマネジメント	0.154%	-
バランス型	DC インデックスバランス(株式 20)	日興アセットマネジメント	0.154%	-
	DC インデックスバランス(株式 40)	日興アセットマネジメント	0.154%	-
	DC インデックスバランス(株式 60)	日興アセットマネジメント	0.154%	-
	DC インデックスバランス(株式 80)	日興アセットマネジメント	0.154%	-
	投資のソムリエ<DC年金>リスク抑制型	アセットマネジメント One	0.649%	-
その他	DC ニッセイ J-REIT インデックスファンド A	ニッセイアセットマネジメント	0.275%	-
	三井住友・DC 外国リートインデックスファンド	三井住友 DS アセットマネジメント	0.297% 以内	-

元本変動型商品(アクティブ)

カテゴリー	運用商品名	委託会社名	信託報酬(税込)	信託財産留保額
国内株式	フィデリティ日本成長株ファンド	フィデリティ投信	1.683%	-
海外債券	SBI-PIMCO 世界債券アクティブファンド(DC)	SBI ボンド・インベストメント・マネジメント	0.8294%	-
内外株式	コモンズ・30・ファンド	コモンズ投信	1.078% 以内	-
	キャピタル世界株式ファンド(DC年金つみたて専用)	キャピタル・インターナショナル	1.085% 程度	-
	ひふみ年金	レオス・キャピタルワークス	0.836%	-
バランス型	セゾン・バンガード・グローバルバランスファンド	セゾン投信	0.590% 程度	0.10%
	セゾン資産形成の達人ファンド	セゾン投信	1.550% 程度	0.10%

・最新の運用商品情報については、下記 URL のリンク先をご参照ください(情報の更新は、原則「月の第一週」に行います)。
https://www.benefit401k.com/universe/10_UniverseMirai.html

元本変動型商品(ターゲット)

カテゴリー	運用商品名	委託会社名	信託報酬(税込)	信託財産留保額
ターゲット型	フィデリティ・ターゲット・デート・ファンド(ベーシック)2030	フィデリティ投信	0.3700% 程度	-
	フィデリティ・ターゲット・デート・ファンド(ベーシック)2035	フィデリティ投信	0.3800% 程度	-
	フィデリティ・ターゲット・デート・ファンド(ベーシック)2040	フィデリティ投信	0.3800% 程度	-
	フィデリティ・ターゲット・デート・ファンド(ベーシック)2045	フィデリティ投信	0.3800% 程度	-
	フィデリティ・ターゲット・デート・ファンド(ベーシック)2050	フィデリティ投信	0.3800% 程度	-
	フィデリティ・ターゲット・デート・ファンド(ベーシック)2055	フィデリティ投信	0.3900% 程度	-
	フィデリティ・ターゲット・デート・ファンド(ベーシック)2060	フィデリティ投信	0.3800% 程度	-

・運用商品が未選択の場合は原則「ろうきん定期(スーパー型)」が自動的に選択されます。
・商品一覧の「信託報酬」欄の数値は、信託報酬以外にファンドの管理に係る費用が発生するものについては当該費用を加味した料率を表示しています。
・運用商品は、2022 年 3 月時点の情報に基づいて表示しています。

品を選択するために、知っておくべき考え方と知識をお伝えしていきます。
第3章の前半で「考え方」、後半で「知識」をお伝えします。
非常に大切なパートになりますので、ぜひついてきてくださいね。

「考え方①」投資の成績は何で決まる?

企業型DCで選択できる運用商品の種類は、10から35種類ほどになります。
それらは、元本確保型(定期預金、保険)と、元本変動型(投資信託)の2つに分けられます。損したくない、投資信託は怖い、などの理由で元本確保型を選択されている方がまだまだ多くいらっしゃいます。要は、価格が変動することで損するのが嫌ということです。

では、本当に「価格が下がると損するのか」について話していきたいと思います。

企業型DCは、「長期積み立て分散投資」を基本とした運用方法になります。

長期積み立て投資は、長い期間、毎月一定の金額で、こつこつ買い続ける方法です。

では、それをリンゴに置き換えてみてみましょう。

3か月間、毎月1万円ずつリンゴを購入するとします。リンゴの価格は、1か月目1000円／個、2か月目200円／個、3か月目500円／個です。

当初のリンゴの価格の半値である3か月目の500円／個のときに、購入したすべてのリンゴを売却します。

このとき、利益はどうなったでしょう？

実は、1万円の利益が出ます。

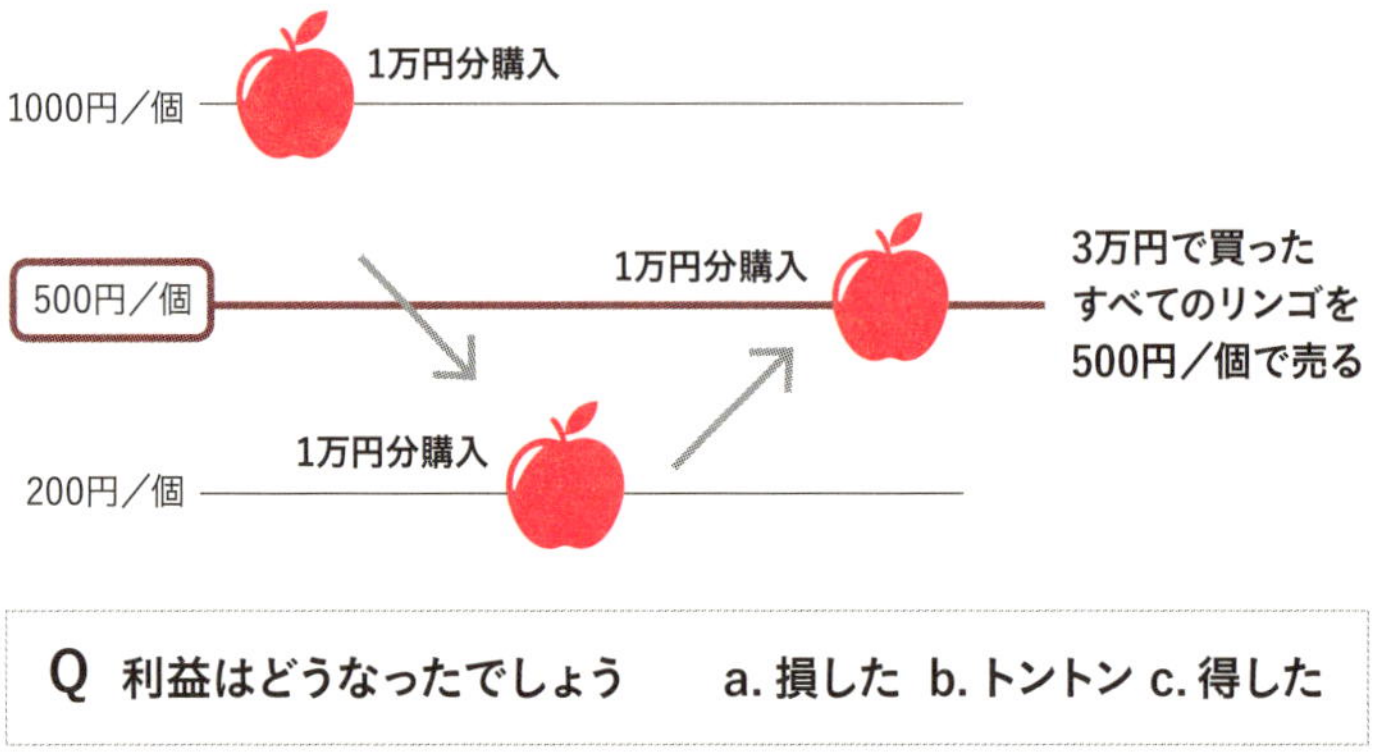

多くの方が、投資は「価格」が大事と思われています。
もちろん価格も大事です。
ですが、積み立て投資の場合の投資の成績は価格だけで決まるものではありません。
「投資の成績＝量×価格」で、決まります。
この量の感覚を身につけると、価格が下がることが怖くなくなります。

どういうことか、先ほどのグラフに戻って解説します。
毎月リンゴが何個買えているか見てみましょう。

価格が下がっているときに、大量のリンゴが買えていることがわかります。
そうなんです、価格が下がるということは「安売りバーゲンセール」状態なんです。

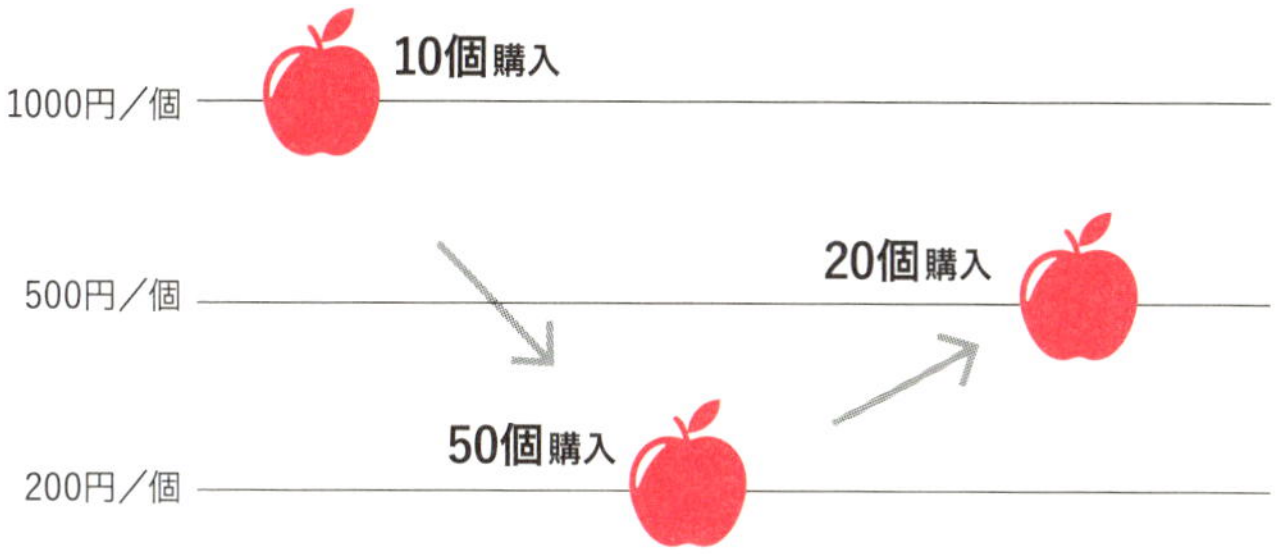

（10個＋50個＋20個）×500円／個＝40,000円

積み立て投資は、運用商品を「一定の金額」で「定期的に買い続ける」投資方法だと説明しましたが、こうすることで自然と「安いときに多く買い、高いときには少なく買う」効率的な投資ができるようになります。

何度も言いますが、「投資の成績＝量×価格」です。

価格が上がれば、運用益が出ます。

価格が下がっても、しっかり量を買えていることになります。

要は、積み立て中（運用中）は、価格は上がっても下がってもどちらでもいいということです。

どうでしょうか。こう考えると、価格が変動する投資信託での運用も、そこまで慎重になりすぎなくても大丈夫ではないですか？

「考え方②」早く始める2つのメリット

投資信託での運用がアリかも、と思われた方は早めに一歩踏み出してみましょう。

なぜなら、「複利効果」を味方につけるためです。40代、50代の方が「20代に知りたかった」と口を揃えていうのは、この複利のためです。

複利とは「利息にも利息がつく」こと。**運用によって得た利益（運用益）を元本に組み入れてさらに運用することで、雪だるま式に元本が増えていくのが複利効果**です。

利益がさらに利益を生んで資産が増えていくことになるため、途中で売却せず長期間にわたって運用するほど資産を増やせる期待も高まります。

また、投資信託を長期で運用すればするほど、運用成績がマイナスになりにくくなるという過去の運用実績もあります。

「単利」と「複利」の違い

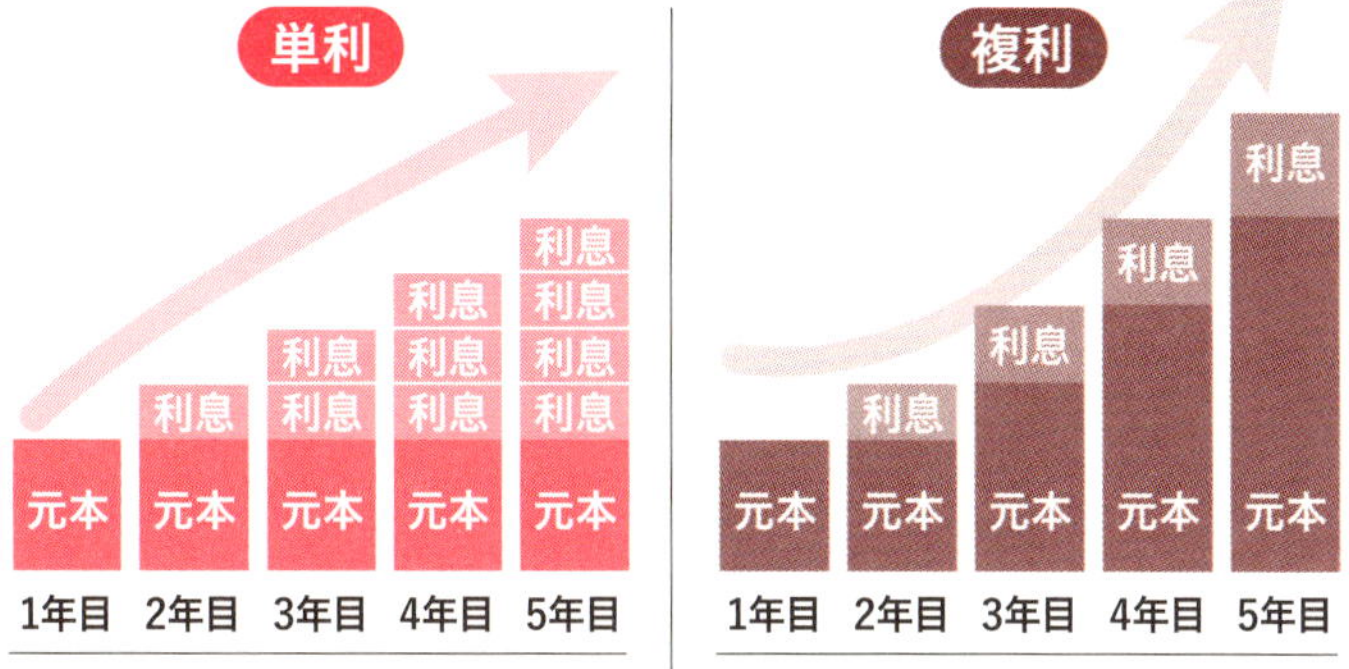

付いた利息は一定額で加算される
元本は変わらず利息はそのまま上乗せ

付いた利息が元本に取り込まれる
元本が増えるから利息もさらに増える

下の図は金融庁が平成29年に公表したデータで、投資信託で国内外の株式と債券に25%ずつ100万円を積立・投資した場合の収益率を表したものです。

保有期間（投資期間）が5年間の場合は、運用成果がマイナスになったケースもあれば、大きくプラスになったケースもあるなどバラつきが見られます。一方、20年間という長期投資をした場合は、運用成果が2～8%の間に集中しており、マイナスになったケースがない（＝損をしていない）という結果になっています。

企業型DCは、入社時から退職時まで、半ば強制的に約40年間の長期運用ができます。**企業型DCは、投資信託の長期投資によるメリットを最大限に享受できる老後資産形成制度**とも言えると思います。

長期積み立て分散投資とリスク

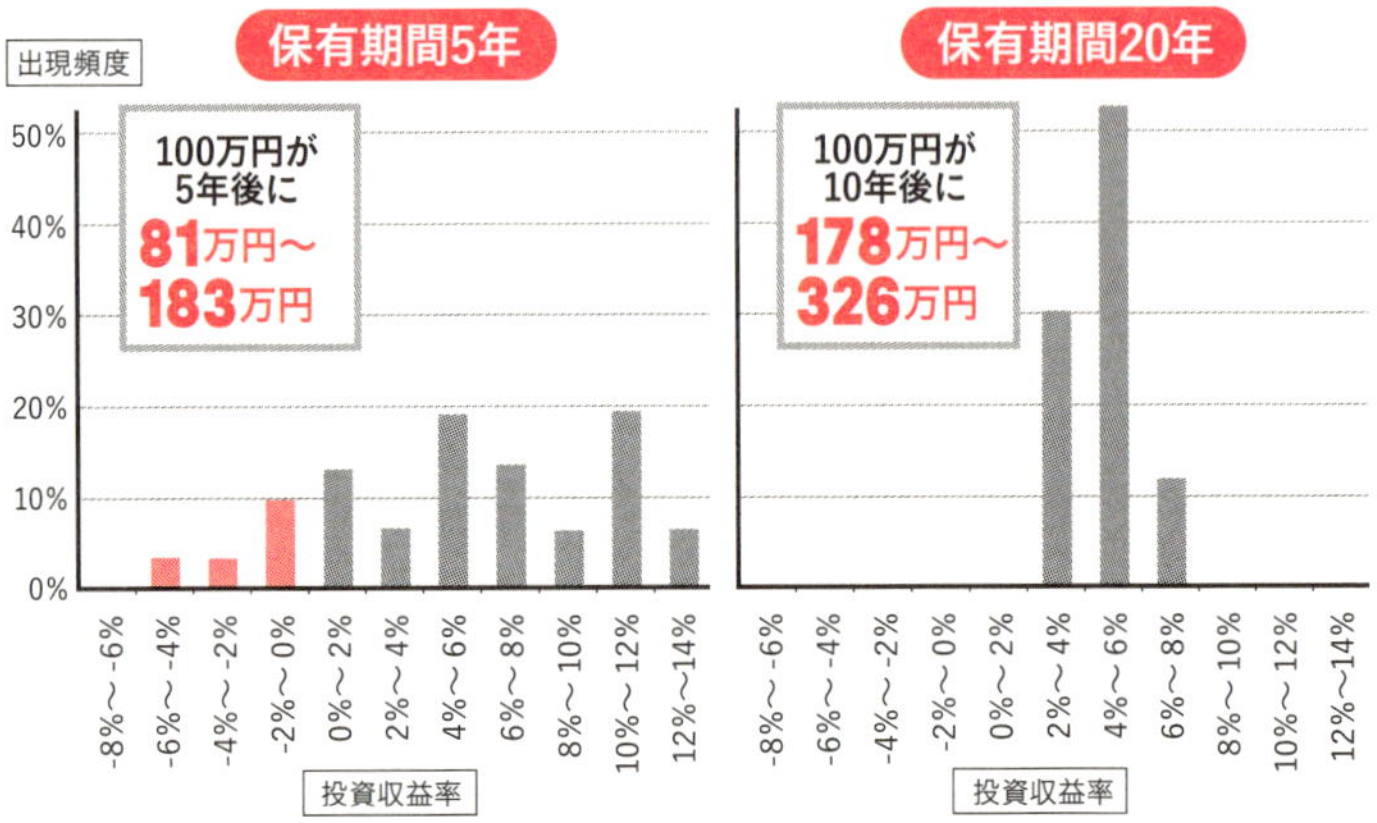

金融庁のホームページより

「考え方③」我々の公的年金は何で運用されているのか

さて、みなさん、我々の公的年金は何で運用されているかご存じですか？

実は国内外の株式や債券で運用されています。その比率は25％ずつです。

そして、２０２３年度までは平均して年率４％超の収益が出ています。

公的年金は国民の大事な資産なので、リスクを取りすぎず、かつ安定的に収益を生み出す必要があります。だからこそさまざまな資産に分散投資をしているのです。

分散投資とは、運用商品の資産を１つに限定せず、リスクやリターンが異なる複数のさ

公的年金の運用比率

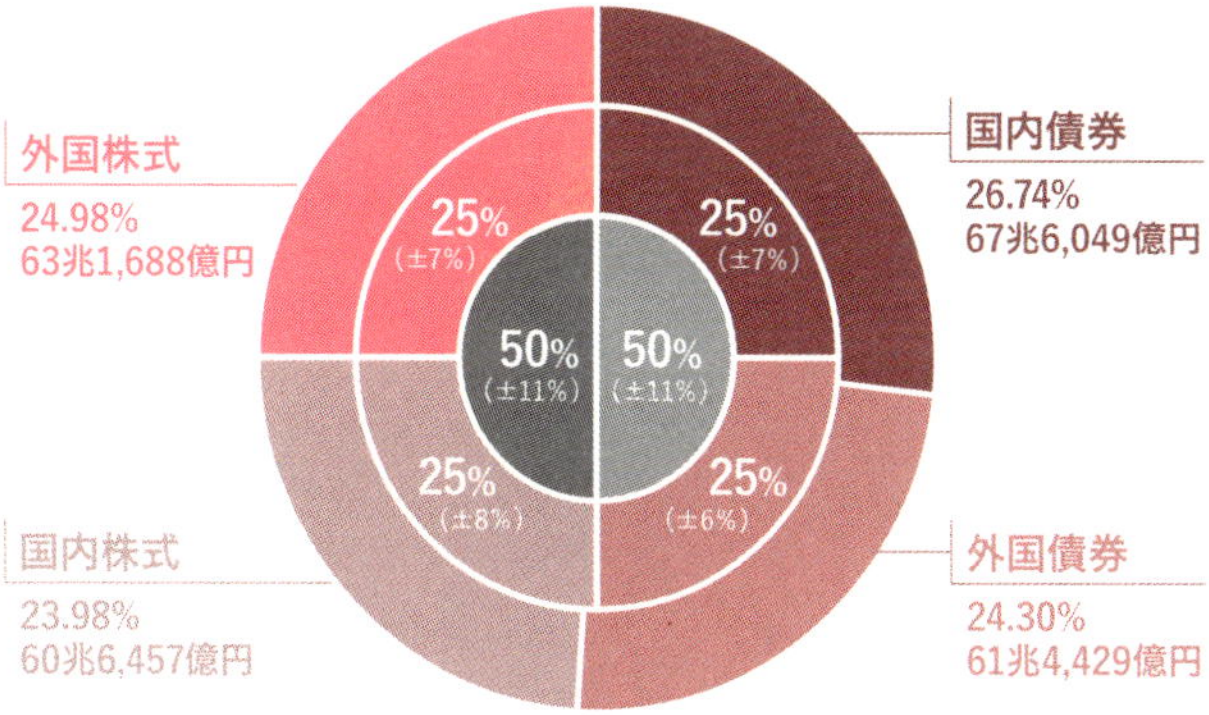

内側：基本ポートフォリオ（カッコ内は乖離許容幅）　外側：2024年度9月末
年金積立金管理運用独立行政法人（GPIF）のホームページより

まざまな資産に分けて（分散して）運用する投資方法です。

投資の世界には「卵をひとつのカゴに盛るな」という格言があります。複数の卵を1つのカゴに全部入れる（投資先を1つにする）と、そのカゴを落としたら卵はすべて割れてしまいます。でも、卵を複数のカゴに分けて入れる（投資先を分散させる）と、どれか1つカゴを落としてもほかのカゴの卵は割れません。

分散投資も同じで、カゴ（運用商品）を複数保有して卵（資産）を分けておけば、想定外の出来事でどれかの運用を失敗しても、全資産を失うような事態を回避できます。

つまり**分散投資のメリットとは、投資先を複数に分散させることで、全体的なリスクを抑えられるという点**にあるのです。

分散投資には「資産の分散」や「地域の分散」、投資のタイミングをずらす「時間の分散」という考え方があります。

たとえば、株式だけでなく、債券や不動産、預貯金などタイプの異なる運用商品にも資産を分散させて保有するのが「資産の分散」。

日本国内だけでなく、全世界、先進国、新興国にも投資するなど、投資エリアを1つに絞らずに分散させるのが「地域の分散」。

一度にまとまったお金を投資するのではなく、少しずつ複数回に分けて投資するなど、投資のタイミングを分散させるのが「時間の分散」です。

企業型DCで選択できる投資信託は、1つの商品だけでも数百～数千のさまざまな国や企業などに分散して投資することができます。まさに投資信託は「分散投資」のための運用法と言えます。しかも企業型DCは、毎月決まった額の掛け金で積み立てるため、自ずと時間の分散のメリットを活かした運用になります。

「知識①」運用商品の基本構成

考え方を知っていただいた上で、知識をお伝えします。

先にも記した通り、企業型DCでの運用商品は「元本確保型（定期預金・保険）」と「元本変動型（投資信託）」が用意されています。

これらの商品の基本的な特徴は次のようになっています。

【元本確保型】

名前のとおり「原則、元本が確保される」商品です。

「定期預金」と「保険」がありますが、その違いは表の通りです。

定期預金も保険商品も、満期を迎えると利息が上乗せされて自動更新されるという基本的な商品性は同じです。また、満期までの期間が同じ場合、一般に、定期預金よりも保険商品の方が利率が高い傾向にあります。しかし、保険商品は中途解約する場合、手数料が発生するケースも考えられ、元本を下回る可能性があります。

【元本変動型（投資信託）】

あなたの代わりに、運用会社が株式や債券、不動産（ＲＥＩＴ）などに分散投資・運用してくれる商品です。

経済情勢や市場の動向によって価格が日々変動するため、場合によっては元本を下回ってしまうリスクもありますが、その分、大きな利益を得られる可能性も高くなります。

投資信託の投資対象となるのは、「国内株式」「海外株式」「国内債券」「海外債券」「ＲＥＩＴ」などが一般的です（各運用商品については後述します）。

元本確保型

	セーフティーネット	中途解約時の取扱い	特性
定期預金	**預金保険制度の対象** 金融機関ごとに、確定拠出年金の預金と他の預金を合算して、元本1,000万円までとその利息が保護されます。	**元本を下回ることはない** お預入期間に応じて、満期までの時よりも低い中途解約利率が適用されます。	**一般に、満期までの期間が長いほど、利率は高い** 期間の途中で利率が変動する変動金利型の商品もあります。
保険	**保険契約者保護機構の保護の対象** 責任準備金※1の90%が保護されます。 ※1 将来の保険金支払いに備え、積み立てられる保険料	**元本を下回る場合がある** 解約控除など※2が発生する場合があり、その金額によっては元本を下回る可能性があります。 ※2 保険の解約時に必要な費用	**【生命保険商品】**受け取りの際、確定年金や終身年金を選ぶ場合には、受け取り用の商品として利用できます。 **【損害保険商品】**保険機能が付いています。けがによる死亡時は受け取り額が1割増しになります。

定期預金も保険商品も、満期を迎えると利息が上乗せされて自動更新されるという基本的な商品性は同じです。また、満期までの期間が同じ場合、一般に、定期預金よりも保険商品の方が利率が高い傾向にあります。

たとえば、一旦利益を確定するために一時的に元本確保型商品にするときには定期預金を選択、60歳以降の受け取りまでそのまま保持するつもりなら保険商品、というように、特性に合わせて商品を選びましょう。

元本変動型（投資信託）

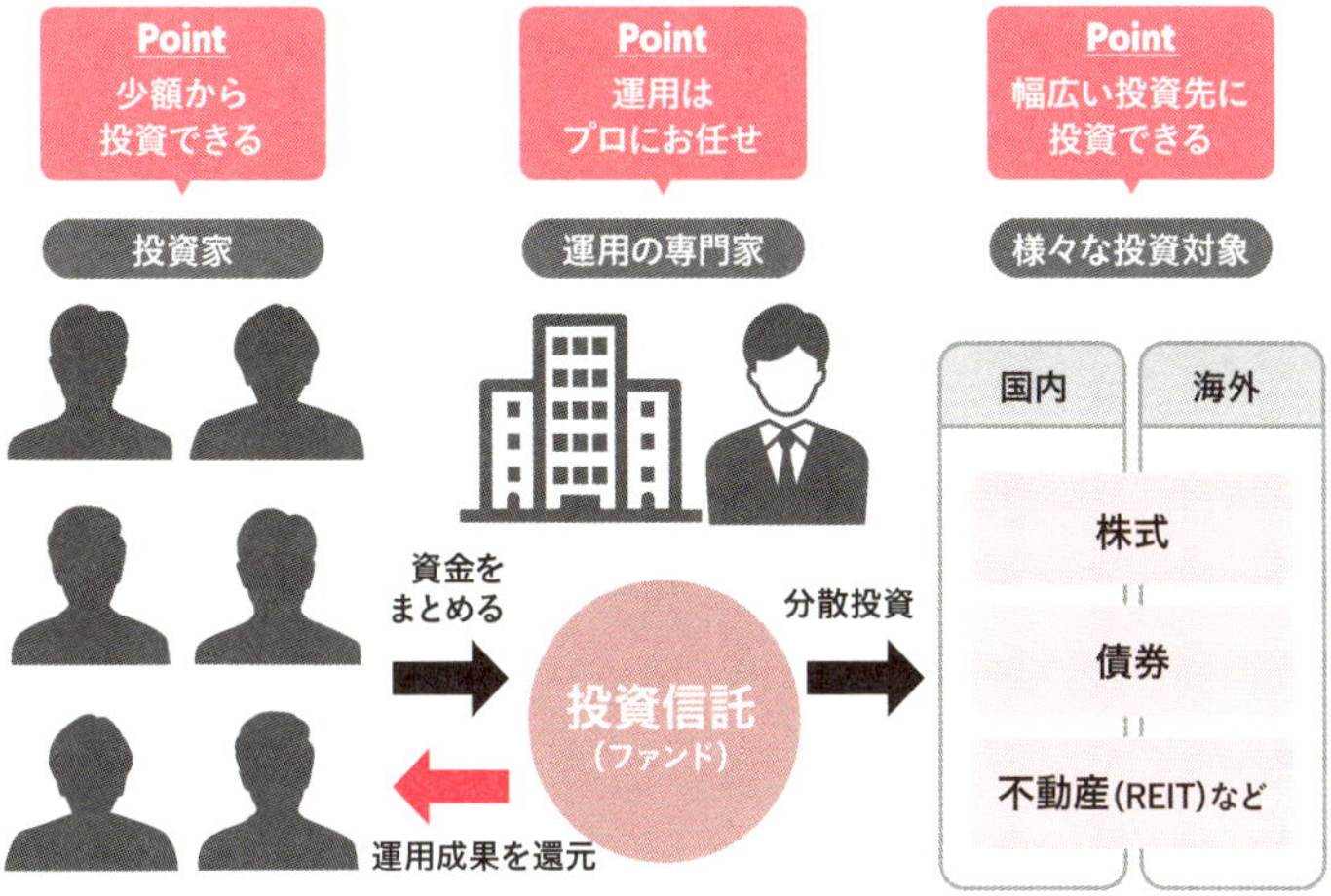

「知識②」投資信託の種類

企業型ＤＣにおける投資信託の運用商品は主に、前述した「国内株式」「海外株式」「国内債券」「海外債券」「ＲＥＩＴ」などになります。

【国内株式】国内の株式市場で取引される株式に投資します

【海外株式】各商品によって、どの国・地域に投資するかが異なります。米国を中心とした全世界に投資する、全世界株式。米国のみに投資する、米国株式。開発途上国の中でも急速に経済

投資信託の種類

おもな投資地域 ＼ おもな投資対象	株式	債券	不動産投資信託(REIT)
国内	おもに日本の株式に投資するファンド	おもに日本の債券等に投資するファンド	おもに日本の不動産投資信託に投資するファンド
海外	おもに海外の株式に投資するファンド	おもに海外の債券等に投資するファンド	おもに海外の不動産投資信託に投資するファンド

複数の資産に分散投資するファンド
(バランス型ファンドとよばれます)

発展が進む新興国に投資する、新興国株式。などがあります。

【国内債券】おもに日本の国債、公社債に投資します。

【海外債券】外国の国債、公社債に投資します。海外株式同様、各商品によって、どの国・地域に投資するかが異なります。

【REIT】国内外の不動産に投資します。

運用商品によって注意すべきリスクや期待できるリターンが変わってきます。

さらに、複数の運用商品を組み合わせた「バランス型」「ターゲット型」という投資信託があります。

【バランス型】

「バランス型」とは、株式や債券など、値動きやリスク・リターンの異なる運用商品をひとまとめのセットにした「パッケージプラ

バランス型の投資比率の例

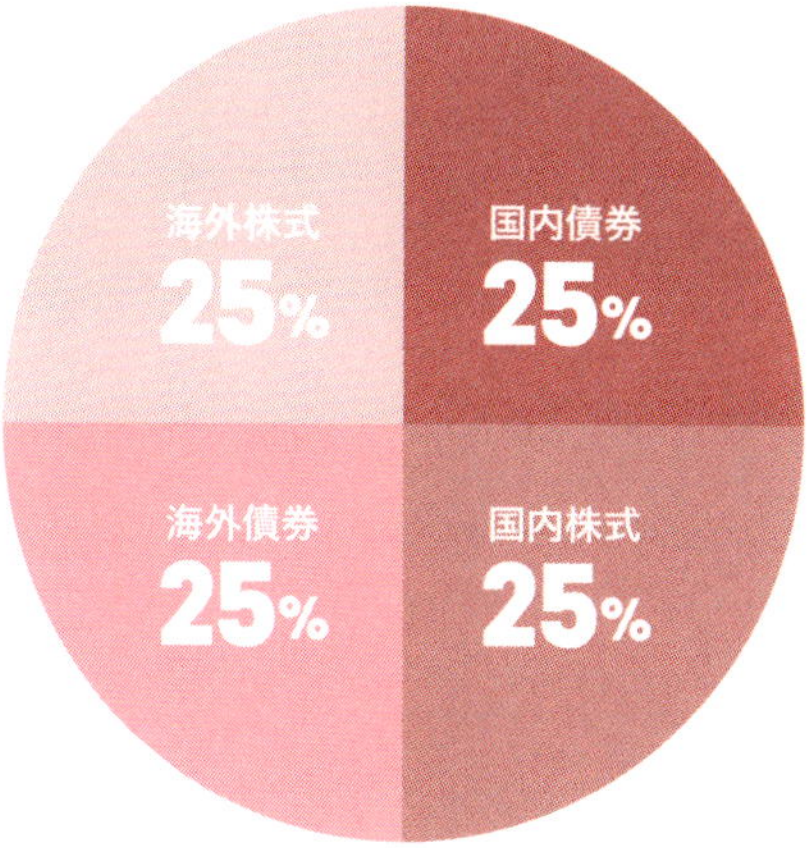

ン」です。

投資信託の商品選びに迷ったときには、このバランス型を選ぶのもおすすめ。1つの投資信託で、複数の運用商品に分散投資したのと同じ効果が得られるメリットがあります。

各運用商品の組み合わせ比率は運用会社が決めているため、加入者が自分で比率を考える必要はありません。プロが配分した「パッケージプラン＝バランス商品」のなかから自分の希望する資産配分に近いものを選ぶことになります。

企業のラインナップによっては、「バランス型30（株式の比率が30％）」「バランス型50（株式が50％）」「バランス型70（株式が70％）」など株式の比率を軸にして何種類かバリエーションが用意されているケースもあります。

【ターゲット型（ターゲットイヤー型）】

「ターゲット型」も複数の運用商品を投資のプロが配分してくれるパッケージタイプの商品ですが、バランス型と違い、「年代に合わせて運用商品の配分比率を自動で調整してくれる」という大きな特徴があります。

あらかじめ退職する年（ターゲットイヤー）を設定し、その年に近づくにつれて運用商品の配分比率を、積極運用（株式メイン）から安定運用（債券など）へと自動的にシフトしていく仕組みになっています。

運用商品の配分は、設定したターゲットイヤーに向けて自動調整されるため。一度購入したら基本は〝ほったらかし〟でOK。プロにお任せで年齢に応じた資産形成が可能なため、投資の知識が少ない人にとっては検討に値する商品と言えます。

ターゲット型投資信託の考え方

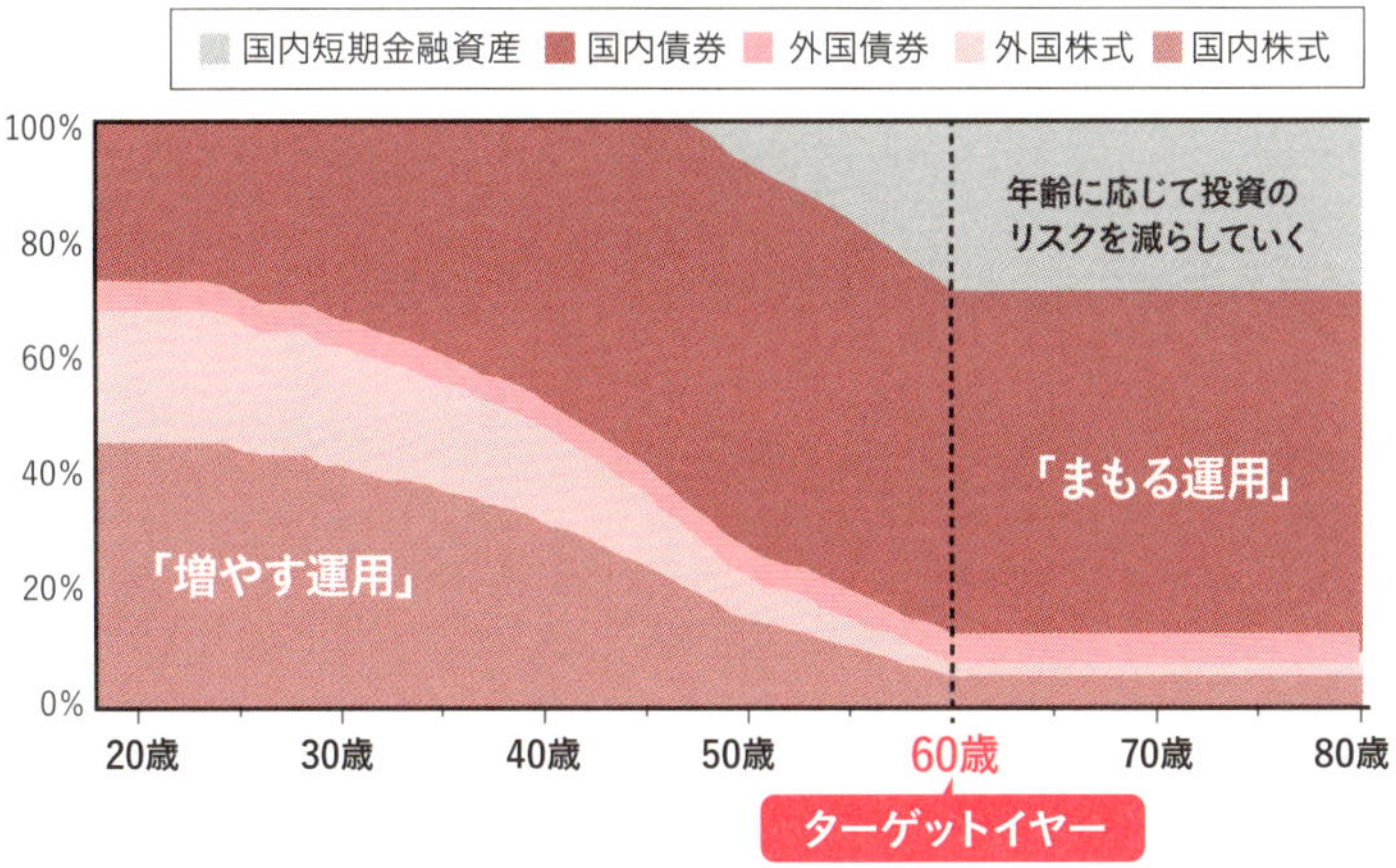

第4章

運用商品選びの基本プロセス

いよいよ自身で運用商品を選択するパートまでやってきました。以下の流れが、運用商品を決める基本プロセスです。

Step1　自分で用意すべき老後資金を計算する（第2章で実施済み）
Step2　そのために必要なリターンを計算する
Step3　資産のカテゴリーを選ぶ
Step4　地域を選ぶ
Step5　運用方法を選ぶ
Step6　マイページで運用商品を指定する

では、1つずつ一緒に進めていきましょう！

Step1 ― 自分で用意すべき老後資金を計算する

ここは第2章の現在地とゴールで実施済みです。

もし、この章から読み進めている方は第2章に戻って読んでみてください。改めて、下の計算式を穴埋めして、自分で用意すべき老後資金を計算してみましょう。

Step2　そのために必要なリターンを計算する

自分で用意すべき老後資金を準備するためには、どのくらいのリターンが必要なのかを計算していきます。「リターン」とは投資によって得られる「収益」のことです。

必要なリターンを計算するためには、各金融機関などが公表してくれているシミュレーションサイトを活用するのが便利です。「つみたて　シミュレーション」などとWEB検索してみてください。そうすると以下のように簡単にシミュレーションすることができます。

［ 毎月生活費 ＿＿万円 － 毎月年金受給額 ＿＿万円 ］×12か月× 老後年数 ＿＿年

2000万円問題 月26万円
ゆとりある生活
月37.9万円

一般的な年金受給額
月20万円（夫婦2人）

＝ 必要準備資金 ＿＿万円

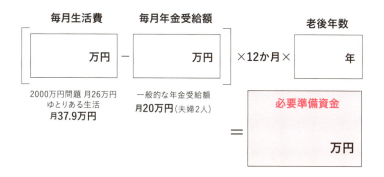

下のシミュレーションは、自分で用意すべき老後資金が2000万円、企業型DCの毎月掛け金が2万円でシミュレーションしています。

この場合だと、必要なリターンは「年6%」だということがわかります。

計算してみて、リターンが現実的ではない数字になった方もいると思います。安心してください。受け取り額はリターンだけで決まるものではありません。積み立てる掛け金とリターンで決まります。

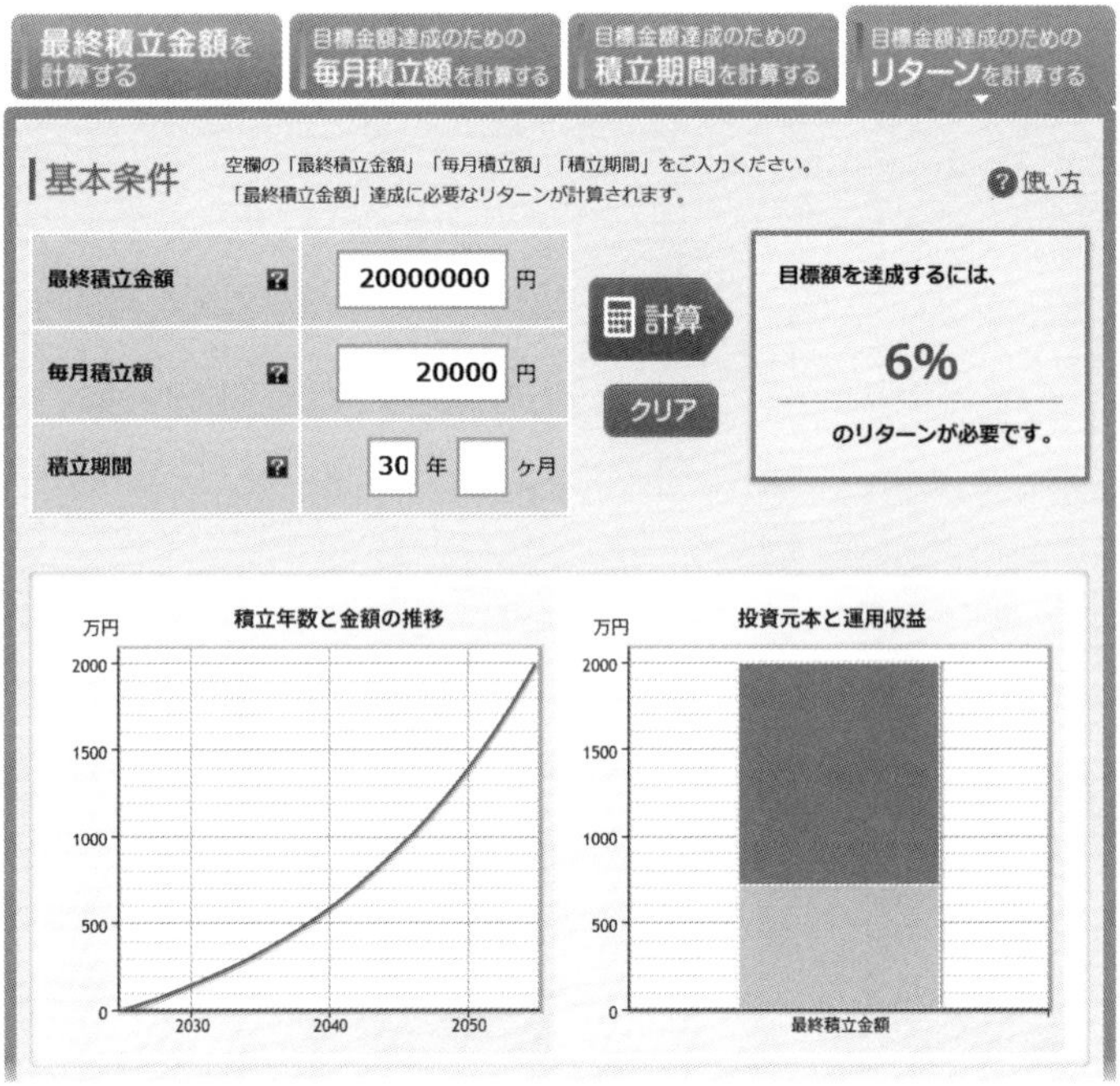

楽天証券　積立かんたんシミュレーション　https://www.rakuten-sec.co.jp/web/fund/saving/simulation/

必要なリターンが大きすぎる場合は、給与の一部を企業型ＤＣの掛け金に上乗せすることや、他の金融商品での積み立ても併用することで、老後必要資金を確保することができます。

たとえば、老後必要資金が４０００万円、企業型ＤＣの掛け金が月額３０００円、定年まで40年、だったとします。

これだけで解決しようとすると、必要なリターンは12・４％となります。毎年12・４％増え続ける運用商品はなかなか現実的ではないかもしれません。

もし、企業型ＤＣの掛け金月額３０００円とは別に、自ら月額１５０００円を積み立てることができれば、必要なリターンは６・４％になります。

このように、リターンだけで解決できなそうな場合は、掛け金の増額を検討してみてください。

Step3 ― 資産のカテゴリーを選ぶ

ここから具体的に必要なリターンに合う運用商品を選択していくことにな

目標受け取り額 ＝ 掛け金 × リターン × 期間

ります。

運用商品は、３つの属性の掛け合わせになっており、下の図でいうと左側からひとつずつ絞り込んでいくことで、おのずと１つから２つの運用商品に絞られていきます。

まずは資産のカテゴリーを絞り込んでいきます。

投資信託の資産カテゴリーは大きく「株式」「債券」「元本確保」に分かれます。一般的に、

「株式」＝好景気に強く、振れ幅が大きい＝ハイリスク・ハイリターン／ミドルリスク・ミドルリターン。

「債券」＝不景気に強く、振れ幅が小さい＝ローリスク・ローリターン。

「元本確保」＝元本割れリスクが少ない＝ノーリスク・ノーリターン。

運用商品選びの絞り込みフロー

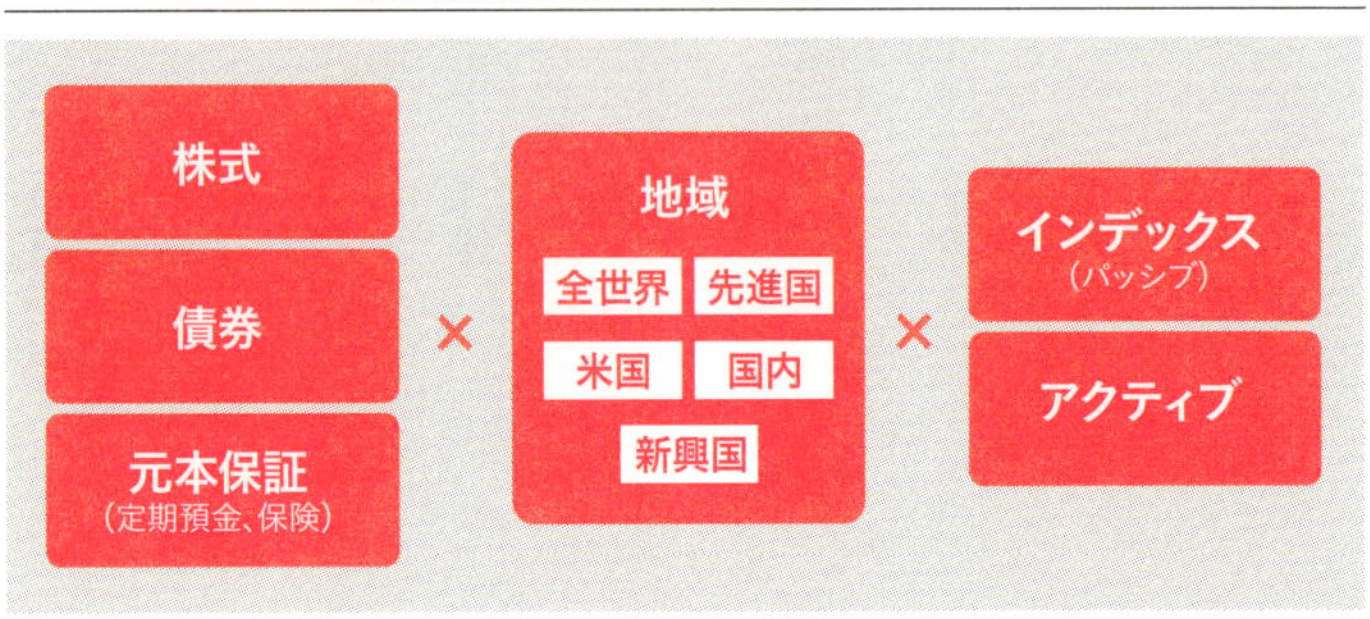

という傾向があります。

下の図は公的年金の運用機関、ＧＰＩＦ（年金積立金管理運用独立行政法人）がまとめた、「株式と債券」を運用したときに、どのぐらいのリターンが期待でき、どのぐらいのリスクがあるのかを表すグラフです。

これを参考にすると、「外国株式だと期待リターンが年７・２％」「外国債券だと期待リターンは年２・６％」といった見方ができます。これらの期待リターンと、Ｓｔｅｐ２で計算した必要なリターンを照らし合わせ、カテゴリーを決定していきます（あくまでも過去の運用実

各資産のリスク（標準偏差）と期待リターン

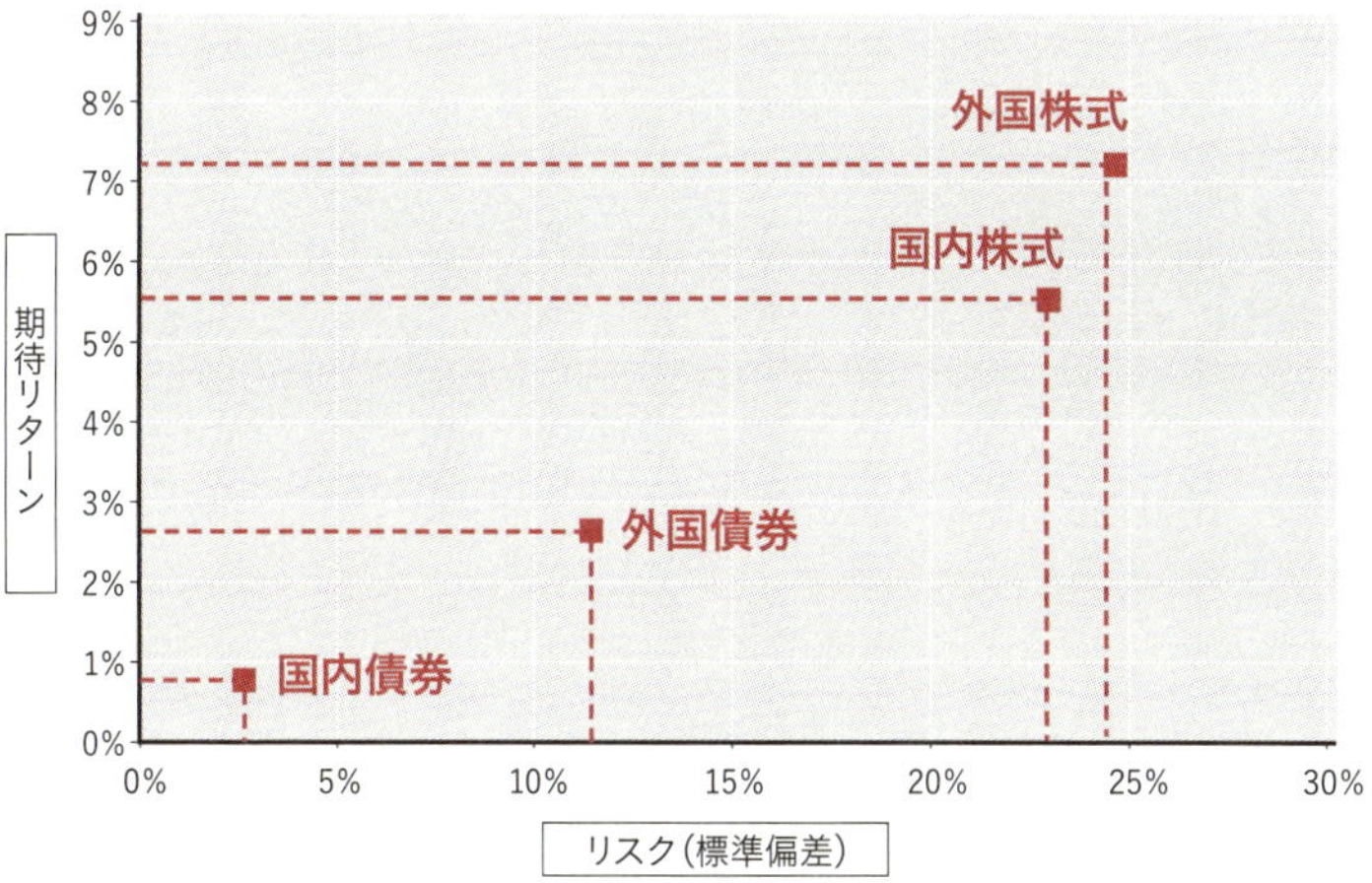

注）GPIFが2020年4月1日より適用した基本ポートフォリオを策定した際の数値。
期待リターンは名目賃金上昇率を加えた名目値。

績を参考に今後25年の期待されるリターンを推測したもので、今後のリターンを予想するものではありません。今後のリターンは下がる可能性もあります）。

ご自身が選べる各商品のリターンを調べるには、運営管理機関のＷＥＢサイトのマイページにログインして各商品の運用レポートを見ることで確認できます。ただし、ここ数年でリリースされた商品や、社会情勢により、断片的な数字となる場合があるため注意が必要です。

また、リターンだけでなく、リスクも考えて運用するカテゴリーを決定しましょう。「リスク」とは「危険」ではなく、「収益（リターン）のブレ幅」のことを指します。

台風情報の見方（イメージ図）

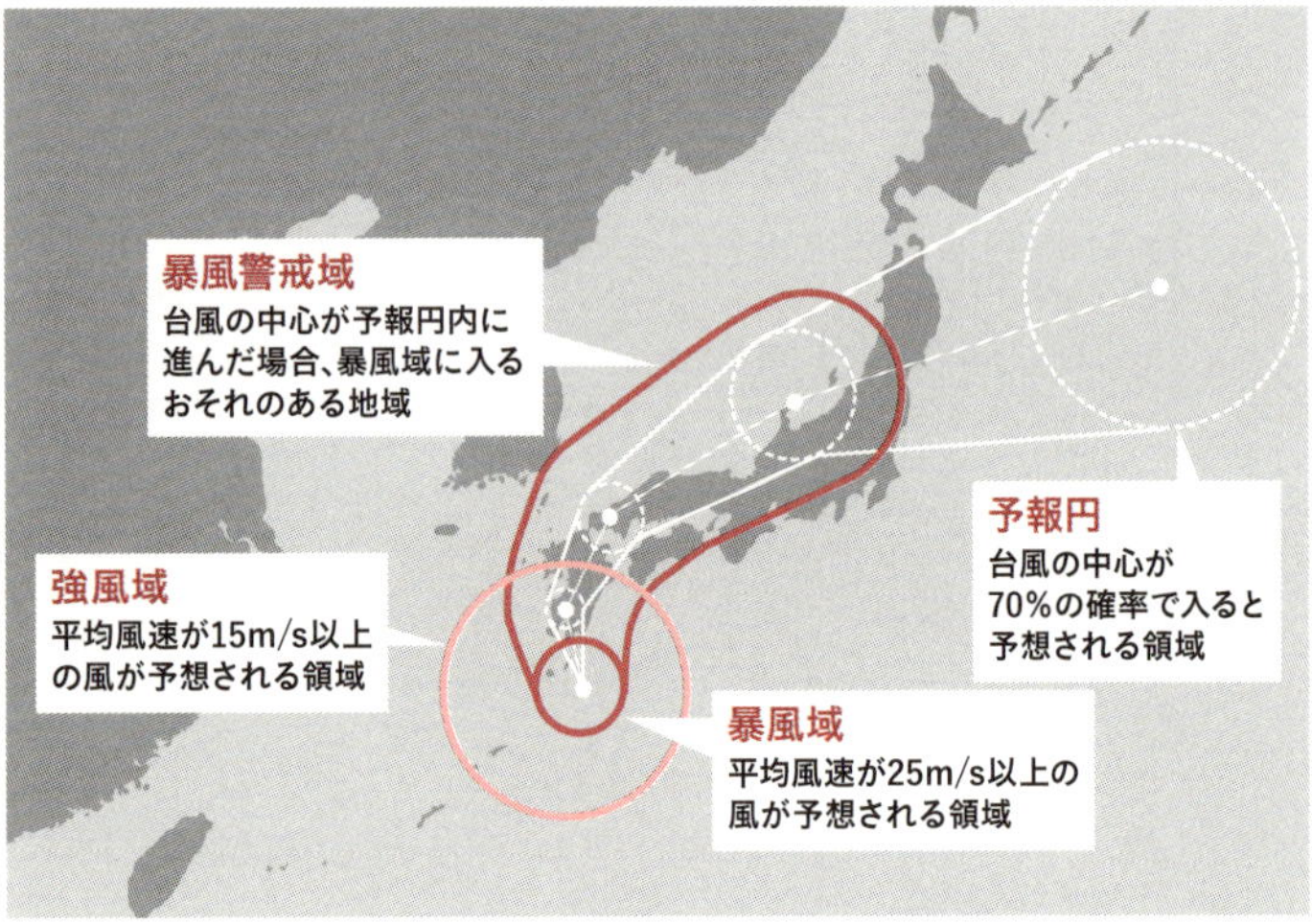

リスクは、台風の予想進路図をイメージするとわかりやすいと思います。

台風の予想進路図は「70％の確率で台風が通る」範囲が表示されています。要は、台風進路のブレ幅です。このようにおおむねこのくらいのブレ幅になるよ、というのがリスクになります。リスクを正しく分析できるようになると、この運用商品で定年まで運用すると、退職金額は●●●●万円から○○○○万円くらいになりそう、という予想が立てられるようになります。そうすると、老後資金の対策がとりやすくなります。

基本的にリスクとリターンは、表裏一体です。
「リスクが大きいほど、リターンも大きい（ハイリスク・ハイリターン）」
「リスクが小さいほど、リターンも小さい（ローリスク・ローリターン）」
つまり、大きなリターンを求めれば、その分、リスクも大きく、最終的に受け取る退職金額にブレ幅が生じる可能性が高くなります。

では、企業型ＤＣは、ハイリターンとローリターン、どちらを選択すべきでしょうか。

企業型ＤＣは「運用益非課税」というメリットがあります。

通常、分配金の運用益には約20％の税金がかかります。そのため税金を引かれたあとのお金を複利で運用していくことになります。

一方企業型ＤＣであれば、税金がかからず、そのまま複利で運用していくことができます。

では、企業型ＤＣ以外も含めた家計全体で、ハイリターン商品、ローリターン商品の両方を保有する場合、どのように運用商品を持つべきでしょうか。

企業型ＤＣなど税制優遇のある口座では運用益が見込めるハイリターン商

一般的な金融商品で運用すると
利益に対する税金は20.315%

企業型DCなら0%に！

つまり、運用益に税金がかからない！

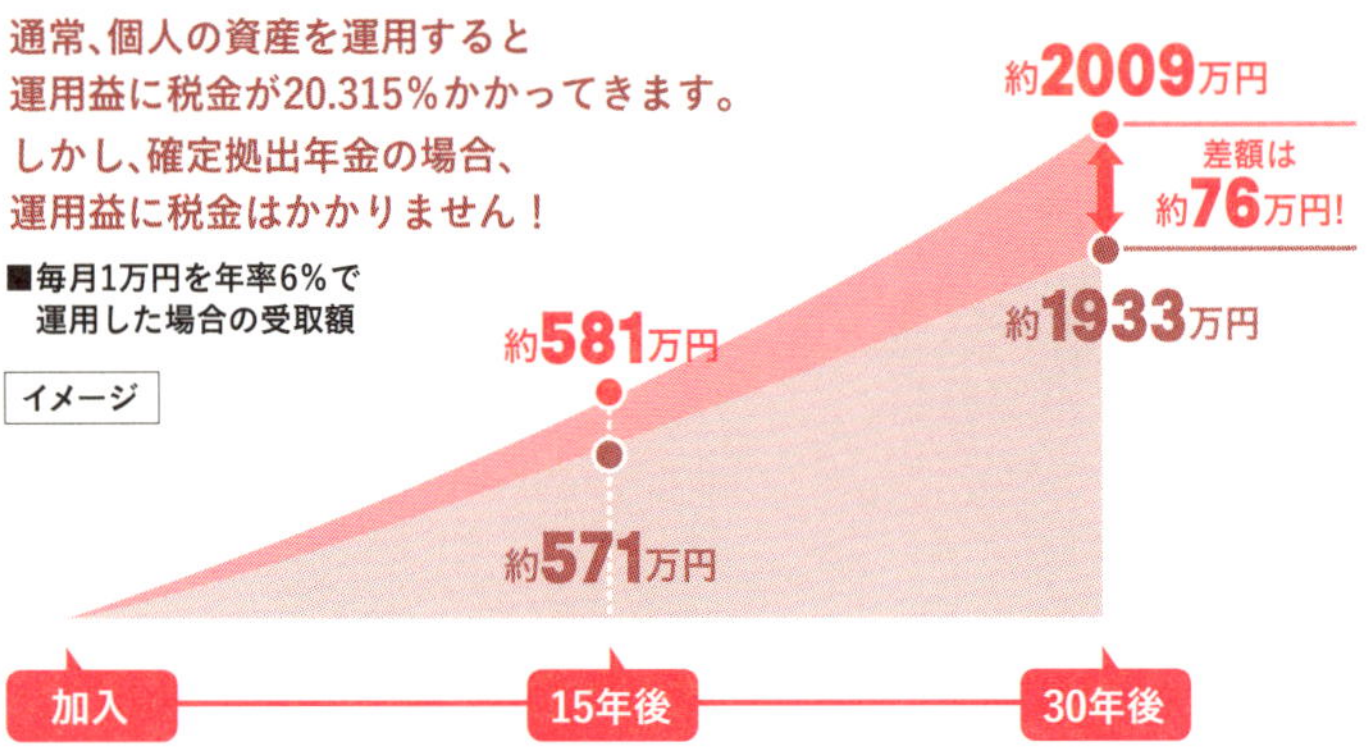

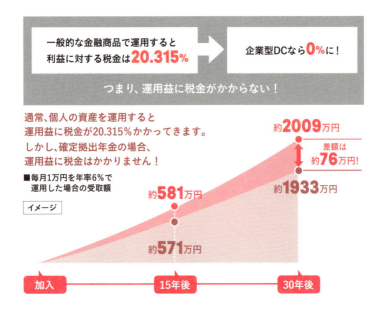

通常、個人の資産を運用すると
運用益に税金が20.315%かかってきます。
しかし、確定拠出年金の場合、
運用益に税金はかかりません！
■毎月1万円を年率6%で
運用した場合の受取額
イメージ
約2009万円
差額は
約76万円！
約1933万円
約581万円
約571万円
加入
15年後
30年後

品を、税制優遇のない一般的な口座ではローリスク商品を持つようにしましょう。そうすることで、企業型DCの運用益非課税のメリットを生かし、より多くの資産を残すことができるでしょう。この考えをアセットロケーションと言います。

Step4―地域を選ぶ

次に、運用商品選びの基準となるのが「地域」です。

投資信託の運用商品となる投資対象は国内だけでなく、世界の国々にも広がっています。さまざまな国（地域）の株式や債券、不動産への分散投資は、リスクの分散というメリットもあります。

まず、国内か外国か新興国かを選ぶ基準は、「今後どの地域の成長に期待するか」です。

運用商品によって異なりますが、それぞれの投資地域は以下のようなイメージです。

国内――「日本」
外国――商品によって「米国のみ」「米国を中心とした先進国」「先進国＋新興国」

新興国――「中国、インド、韓国、台湾＋その他の新興国」

米国の成長に期待するのか、新興国の伸びに期待するのか。それによって、運用商品や配分を選ぶのもいいでしょう。

また、「どの程度リスクを分散するか」で決める方法もあります。

一般的に、エリアが絞られるほど、限定的になるほど、リスクが高くなっていくと考えられています。

リスクを大きく取りたくないのであれば、できるだけ多くの国や地域に分散されている運用商品を選ぶのがいいでしょう。老後必要資金から考えてリターンを狙っていく必要があるのであれば、限定的なものを組み入れてもいいでしょう。

Step5　運用方法を選ぶ

最後に運用方法です。

「インデックス」と「アクティブ」の2種類の運用方法があります。どちらにもメリット・デメリットがあるため、それを踏まえた選択が大事です。

「インデックス（パッシブと呼ばれることもあります）」は、日経平均株価やTOPIX（東証株価指数）、NYダウ、MSCI・オール・カントリー・ワールド、S&P500といった市場全体の値動きを表す指数に連動した運用を行う投資信託です。

指数を構成する銘柄と同じ銘柄に幅広く投資できる、値動きが追いやすい、手数料（信託報酬）が安い、といったメリットがあります。

「アクティブ」は、定めたベンチマークを上回るような、より大きいリターンが得られるような運用を目指すスタイルです。

大きなリターンが期待できる反面、調査・分析を行う

インデックスファンド

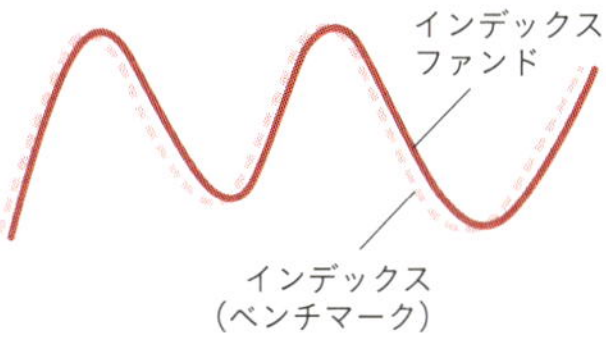

株価指数等のベンチマークに連動する運用成果を目指す

アクティブファンド

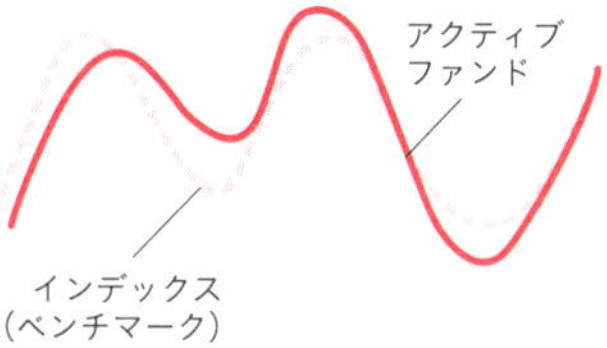

株価指数等のベンチマークを上回る運用成果を目指す

ファンドマネージャーへのコストがかかるため、インデックスファンドよりも手数料（信託報酬）は高くなります。

インデックスで運用コスト（信託報酬）を抑えて市場平均並みの運用成果を目指すか。アクティブでコストは高くても市場平均を上回る成果に期待するか。自身の運用目的や考え方に合わせて選ぶことになります。

ちなみに、ここで出てくる「手数料」とは「信託報酬」と呼ばれるもので、投資信託を運用・管理してもらう際にかかる費用を指します。運用商品に対して「年間何％」という形で発生し、積み立てた資産から差し引かれます。

「インデックスとアクティブどちらがいいか（コストを払ってでもアクティブで運用すべきか）」は、各運用商品を分析する必要があります。目論見書や運用レポートなどから、運用方針や運用実績を見ることができます。

Step6｜マイページで運用商品を指定する

運営管理機関のＷＥＢサイトからＩＤ・パスワードで「マイページ」にログインし運用商品の選択・変更を行ってください。

※ＩＤ・パスワードがわからない場合は、ＩＤ↓社内担当部署に確認、パスワード↓運営管理機関のコールセンターやマイページ上で再発行できます。

運用商品を変更する場合、「スイッチング」と「配分変更」の２つの手続きがあります。混同して使われがちですが、２つには明確な違いがあります。必要に応じて、

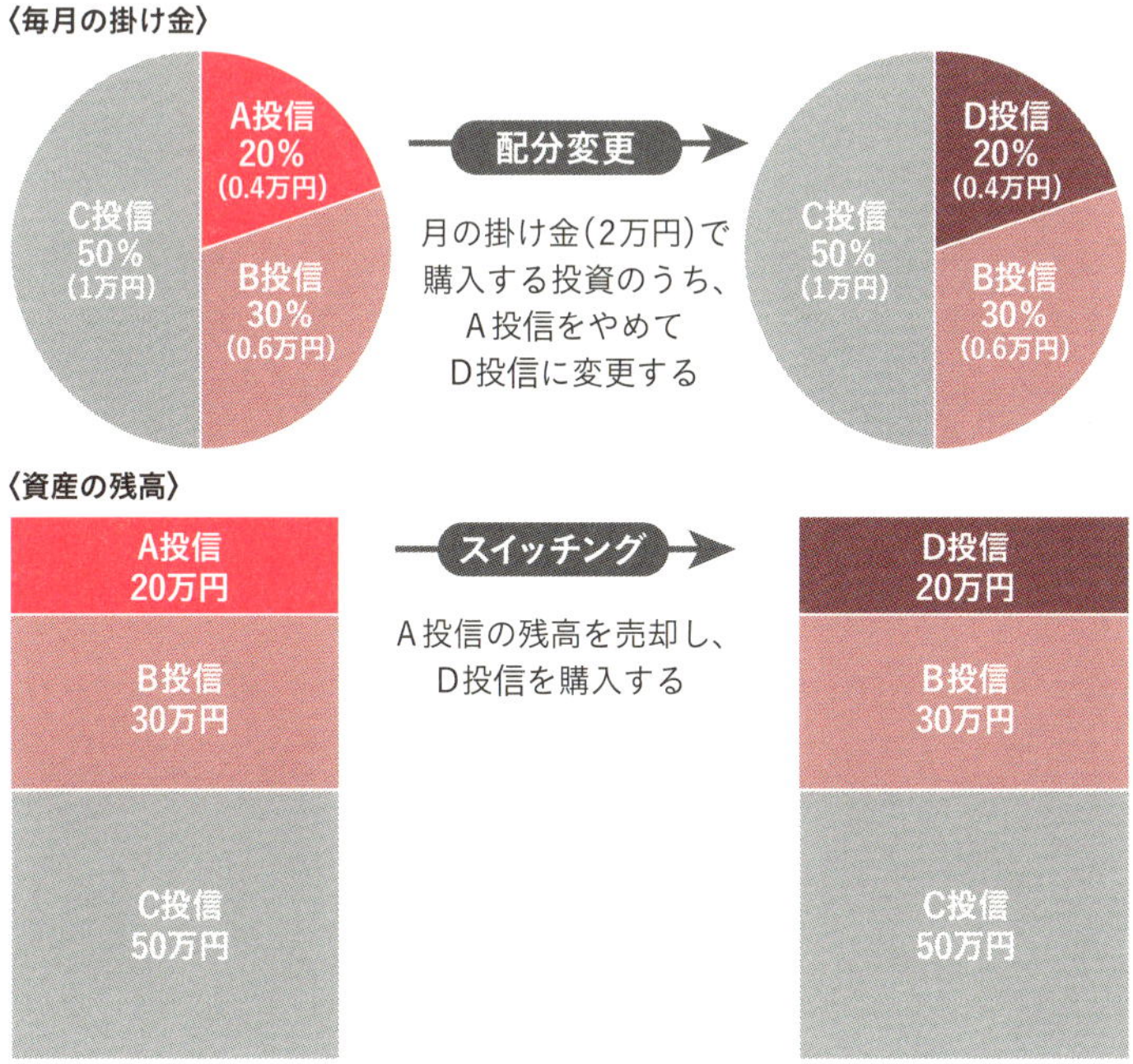

それぞれの手続きを行いましょう。

【スイッチング】

これまでに積み立ててきた年金資産の一部（または全部）を売って、そのお金で新しい商品を購入する手続きが「スイッチング」です。

年金資産の運用割合のバランスを整えたり（リバランス）、受け取りの出口に向けたメンテナンス（リアロケーション）の際などにスイッチングを活用します。

【配分変更】

一方の「配分変更」とは、毎月積み立てている掛け金で購入する運用

スイッチングの例

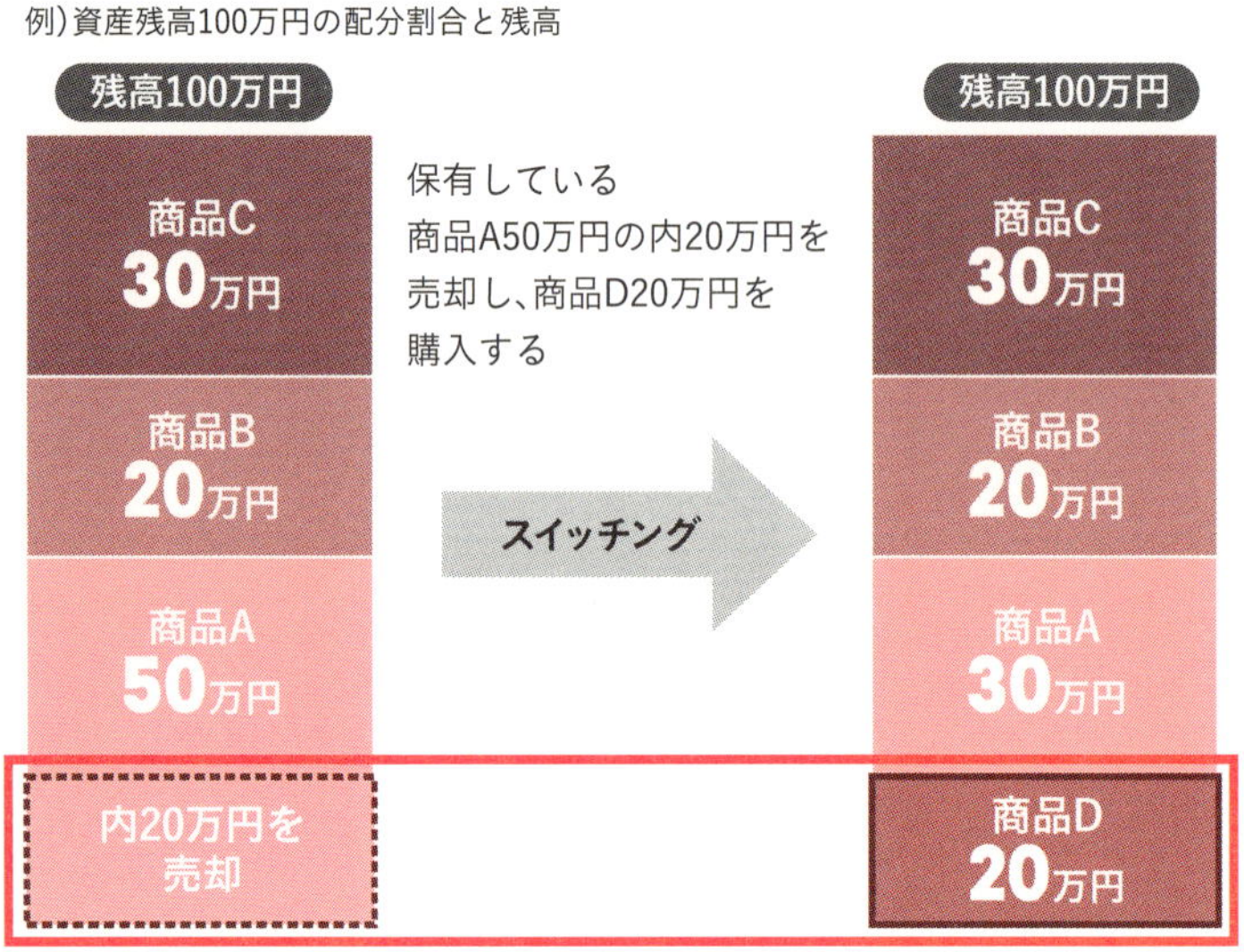

例）資産残高100万円の配分割合と残高

商品を変更することです。

つまり**「これまで積み立ててきた資産」の運用商品を変更するのがスイッチング、「これから積み立てていく掛け金」の運用商品を変更するのが配分変更**ということになります。

６つのステップに分けて基本プロセスをご説明しました。

少しでも不安がある方は、不安なまま進めるのではなく、専門家に相談しながら見直してみましょう

配分変更の例

例）掛け金10,000円／月の購入商品と配分割合

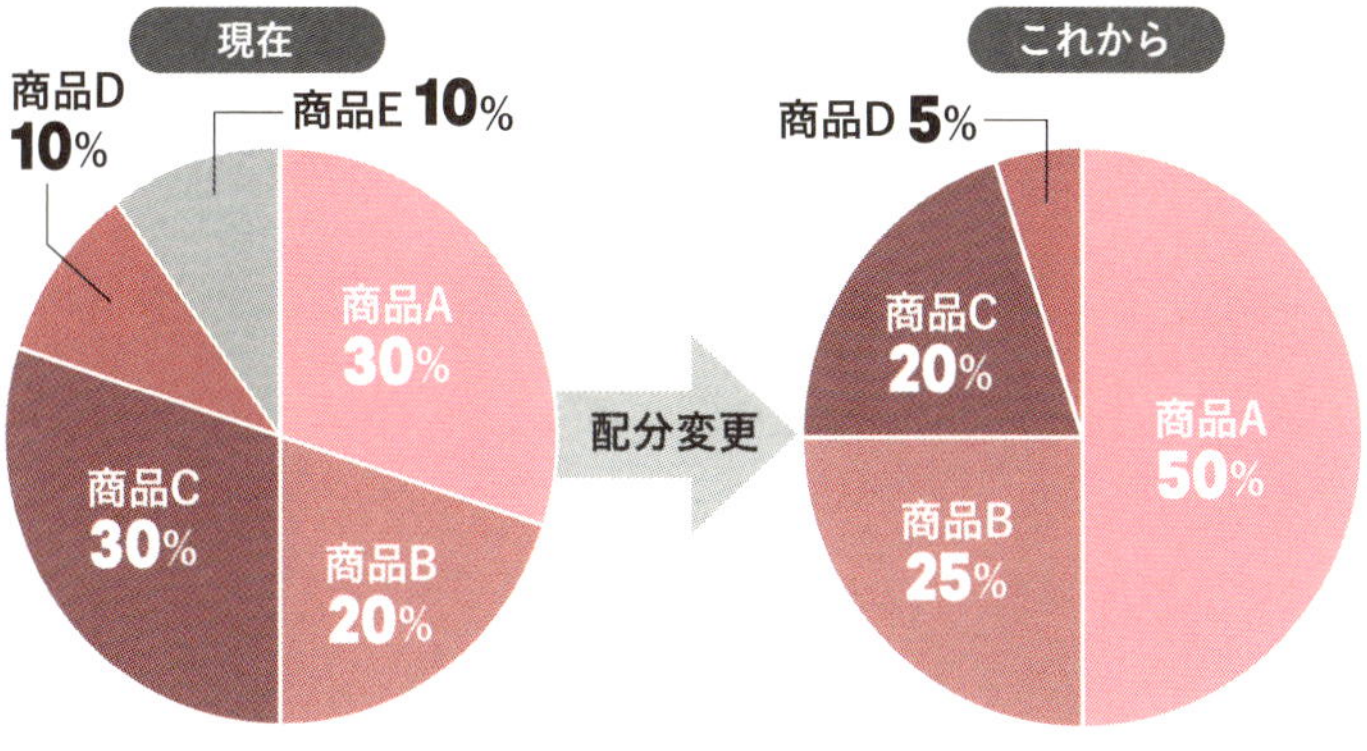

第５章

50代から考えるべき、受け取りに向けた出口戦略

定年に向けた運用商品の見直し方（出口戦略）

第2章でお伝えしましたが、どのフェーズにいるかによって基本戦略が変わってきます。

定年が近づいてくると、どう資産を保全していくかが重要になってきます。

リスク資産の割合は「100マイナス年齢%」

たとえば、同じ20%の下落でも、20代の年金資産100万円のときの20万円の損失と、50代の年金資産2000万円のときの400万円の損失では、資産的にも精神的にもダメージが大きくなってくると思います。

他にも、せっかく運用が好調だったのに、定年目前で○○危機が起こり、一気に元本割れしたらどうですか？

ですので、定年に向けて「企業型DC以外の資産も考慮し、運用商品をどう見直していくべきか」をしっかり考えることが重要です。これを出口戦略と言います。**出口戦略は非常に難しく、保有している資産やライフプランによって、戦略が異なってきます。**

あくまでも参考ですが、一般的な目安として持つべきリスク資産の割合は「100－年齢％」と言われています（長寿化により「120－年齢％」で考えることもあります）。

たとえば、30代の人なら「100－30＝70」で株式の比率は70％、50代なら「100－50＝50」で50％、70代なら「100－70＝30」で30％の比率で株式

株式比率＝（100－年齢）％

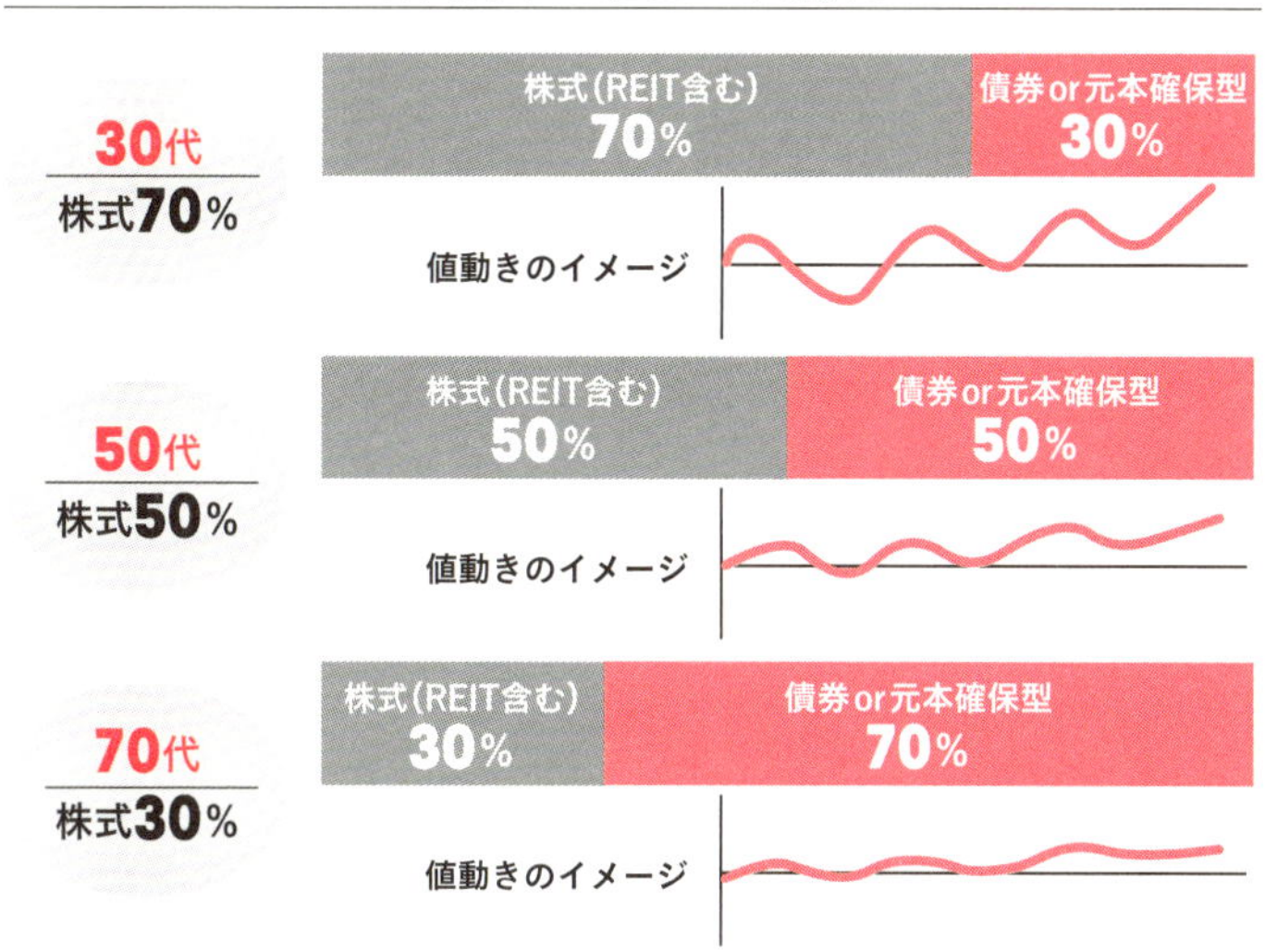

を保有し、それ以外は債券や預貯金などの安定的な資産を持ちましょうということになります。

このように、「若いときは株式メインでリスクを取って積極的に運用し、年齢を重ねて定年が近づいてきたら、リスクを取らずに安定を求める運用に変えていく」というフレキシブルな運用をすることが望ましいでしょう。

ただし、この考えは企業型ＤＣだけではなく、預貯金やその他の金融資産とトータルで考えます。ライフプラン、リタイアメントプランによって大きく変わってきます。そのため40代、50代でも、企業型ＤＣ以外に預貯金などのリスクの低い資産をしっかり保有されている場合、企業型ＤＣは株式メインで運用継続していくケースもあります。

定年時に受け取るか継続運用するか

定年時に加入資格を喪失した時点で、記録関連機関から「老齢給付金の給付請求に関するご案内」が届きます。年金資産を受け取る場合、記録関連機関に「受給申請」を行います。

その際に、一括受け取り、年金受け取り、一括＋年金受け取りの選択が必要です（後述します）。

※記録関連機関の連絡先は、定期的に送られてくる「確定拠出年金のお知らせ」などに記載されています。

企業型ＤＣは、定年後も最長75歳まで受け取り開始を延ばすことができ、継続運用することができます。

たとえば、定年時に運用成績がイマイチなため、もう少し運用して相場回復まで待ちたい。企業型ＤＣ以外の資産で当面の老後生活費はカバーできるので継続して運用したい。そのようなシーンで活用することができます。

継続運用したい場合は、定年時に「受給申請」をしなければ、年金資産はそのまま継続運用されます。受給申請はいつでも行えますが、受給申請をしていない場合、70歳、74歳に記録関連機関から通知が来ます。75歳まで受給申請をしない場合、一括受け取りのみとなります。

≫年金？　一時金？　どう受け取るべきか

企業型ＤＣの受取方法には、「一時金受取」「年金受取」「一時金＋年金の併用受取」の３パターンがあります。

年金資産を「一時金」として一括で受け取る場合は「退職所得控除」、分割して「年金」として受け取る場合は「公的年金等控除」の対象になるのです。

「一時金」として一括で受け取る

一時金の形で受け取る企業型ＤＣは、退職時にまとまったお金を一括で受け取れる従来の「退職金」と同じ扱いになるため、「退職所得控除」の対象になります。退職所得控除の額までは非課税で受け取れます。退職所得控除の額からはみ出た金額は課税対象となります。

退職所得控除の額は企業型ＤＣの加入期間によって異なります。加入期間が20年以下だと１年あたり40万円（80万円に満たない場合は80万円）、それ以上の期間は１年あたり70万円で計算されます。

たとえば企業型ＤＣへの加入期間が15年の場合、退職所得控除は20年までの控除の「40万円×15年＝６００万円」になります。

30年の場合は、20年までの控除「40万円×20年＝８００万円」と「20年から30年までの10年間の控除「70万円×10年＝７００万円)」を合わせて、退職所得控除は１５００万円になります。

加入期間が長いほど退職所得控除額が大きく、受けられる税制優遇も多くなるのです。

さらに、一時金でもらう場合、受け取り額が退職、所得控除額を超えると、超過した金額の２分の１にしか税金がかかりません。

たとえば、加入期間が30年（退職所得控除額が１５００万円）の人が、企業型ＤＣで仮に２５００万円を受け取る

退職所得控除額の計算式

加入期間（1年未満切り上げ）	退職所得控除額
20年以下	40万円×加入期間 ＊80万円に満たない場合は80万円
20年超	（加入期間－20年）×70万円＋800万円

2024年12月現在

と、非課税額を超えた額（1000万円）の2分の1となる500万円に対して所得税がかかってきます。

年金資産が非課税額を超えると、出口の受け取り時に税金がかかるケースが起こり得るので、税金を考慮したプランニングが重要です。

「年金」として分割で受け取る

企業型DCを分割して年金として受け取る場合は、公的年金を受給する際に適用される「公的年金等控除」の対象になります。

「厚生年金等や企業型DC等の受け取り額－公的年金等控除の額」が雑所得として課税されます。年金額が所得になるため、将来的に、所得税・住民税の税制改正や、社会保険料の改正などがあった場合に、手取りが少なくなるリスクがあります。

退職所得控除額の計算例

加入年数	退職所得控除の額
15年	600万円（40万円×15年） ＝600万円
30年	800万円（40万円×20年）＋700万円（70万円×10年） ＝1500万円

「一時金」と「年金」を併用して受け取る

企業型DCを受け取る際には、資産の一部を「一時金」で受け取り、残りを「年金」として分割で受け取るという「併用スタイル」も選択することができます。

たとえば、一時金で受け取ると退職所得控除額をオーバーしてしまう場合、非課税になる金額を一時金として受け取り、非課税額を超えた部分を「年金」として受け取る、といった対応も可能になるわけです。

加入期間が30年（退職所得控除額1500万円）の人が2500万円の資産を受け取る場合、非課税額の1500万円を一時金に、超過分（1000万円）を年金にする。こうすることで退職所得控除の満額適用を受けることが可能になります。

公的年金等控除の計算式

	公的年金等の収入金額の合計額	公的年金等控除
65歳以上の方	330万円未満	1,100,000円
	410万円未満	収入金額の合計額×0.25＋275,000円
	770万円未満	収入金額の合計額×0.15＋685,000円
	1,000万円未満	収入金額の合計額×0.05＋1,455,000円
	1,000万円以上	1,955,000円
65歳未満の方	130万円未満	600,000円
	410万円未満	収入金額の合計額×0.25＋275,000円
	770万円未満	収入金額の合計額×0.15＋685,000円
	1,000万円未満	収入金額の合計額×0.05＋1,455,000円
	1,000万円以上	1,955,000円

DCとDB、両方を一時金で受け取る

また会社によっては、企業型DCとDB（確定給付企業年金）の両方が導入されているケースもあります。DC、DBともに一時金で受け取る場合は、いつ受け取るかによって退職所得控除額に影響が出てくることがあります。

DCとDBを同じ年に受け取ると、両者は合算されて「ひとつの退職金」とみなされることになります。

たとえば、60歳で定年退職する人が、DBの退職金2500万円とDCで積み立てた1000万円を一時金として受け取るとしましょう。

もし同時に（同じ年に）受け取ると、合計金額が3500万円となり、退職所得控除額（加入年数40年の場合、退職所得控除額は2200万円）を大幅に超えてしまいます。非課税枠をいくら超えたかによって税率が変わるため、金額が大きいほどかかる税金も高くなります。

こうしたケースでは、DBとDCを受け取る年を1年ずらすことで税金を抑えるという選択肢もあります。この場合なら、DBの2500万円を60歳で受け取り、DCの1000万円は1年遅らせて翌年61歳で受け取るのです。そうすると、DCの受取時にも

新たに「80万円の退職所得控除」が適用されます（年を跨いで、異なる種類の退職所得を受け取る場合、最低80万円の退職所得控除が適用されます）。

そうすることで、少しでも税金を抑えることができるというわけです。


退職所得控除を最大限に活かした効果的な節税を行うためにも、受け取るタイミングを検討することが重要になります。

受け取り後に考えるべきこと

ここは非常に重要な部分なのですが、本著で取り上げている企業型ＤＣとは異なる話になるので、深くは触れません。

考えるべきは、長生きに備え、資産の寿命を延ばすことです。ライフプランによって取るべき戦略は変わりますが、ポイントだけをお伝えします。

・生活コストを最適化する。

・運用しながら取り崩す。

・取り崩す金額は、老後の前半は定率、老後の後半は定額で考える。

・運用成果が悪いときに、取り崩さずに済むだけの他の金融資産を保有する。

・ライフプランに合わせて定期的に運用を見直す。

・金融資産だけでなく、不動産も含めた資産トータルで考える。

第6章

企業型DCの運用　誌上カウンセリング

【ケーススタディ】

ケース①　Aさん　26歳・男性

Q 入社当時に選んだモデルプランでそのまま運用。
でも入籍を機に、お金のことを見直したい。

A 若さというメリットを最大限活かし、
ハイリスク・ハイリターンの積極運用を！

AさんのDATA
家族構成：独身（1人暮らし）、近く入籍予定
職業：通信系企業の営業職
社歴：入社4年目
年収：約400万円
金融資産：100万円（預金、保険、NISA）
住まい：賃貸マンション
企業型DC残高：約50万円

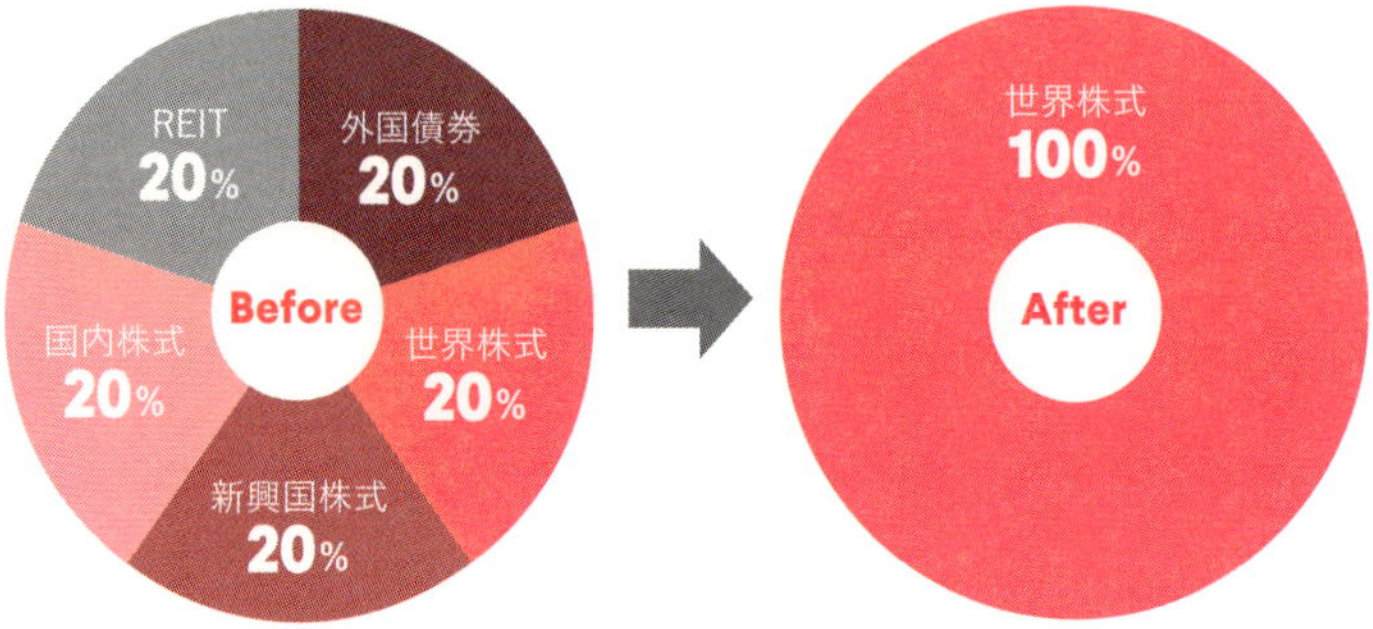

【相談の背景】

Aさんは通信系企業の4年目。入籍の予定があり、「将来のために企業型DCに限らずお金のことをしっかりとしておきたい。でも何をどうしたらいいかもわからない」とのご相談でした。まずは、未来の家計を「見える化」するライフプラン表を作成しました。そのことで、将来の見通しと問題点がわかります。老後必要資金から逆算して、企業型DCの運用先見直しも行いました。

【DCの現状】

現状の資産配分（ポートフォリオ）は、外国債券や国内外の株式、REITがほぼ同比率という、リスク許容度が中程度のバランスを意識した運用スタイルになっています。

ただこれは、入社時のDC説明会で、いくつかの質問に答えることで「参考ポートフォリオ」を診断できるフローチャートを実施し、出てきた診断結果をそのまま運用商品として選んだもの。つまり、Aさん自身の意向に基づいたポートフォリオではありません。

【Aさんへの運用アドバイス】

今回ご結婚されるということで、ライフプラン表を作成しました。ライフプラン表は、未来の家計簿を「見える化」でき、いついくらお金が必要なのかが明確になります。

診断チャートの結果では、Ａさんは基本的には「積極的に運用したい気持ちもあるけれど、大きなリスクは抑えたい」というバランス型志向の持ち主でした。ですがライフプラン表の必要な老後資金から逆算すると、現在の運用では老後資金が足りず、もう少しリスクを負って積極的に運用すべき状況でした。

そんなＡさんの企業型ＤＣの運用商品見直しの最大ポイントとなるのは、「若さを活かした運用へのシフトチェンジ」です。

Ａさんはまだ20代半ば。60歳が定年だとしても、退職になるのは今からまだ約35年も先の話です。つまり、企業型ＤＣの運用期間がまだ35年間もあるのです。「若くて退職まで期間がある＝かなりの長期運用ができる」ことは、企業型ＤＣでの資産運用における大きなアドバンテージになります。

長期運用には、複利効果（運用で得た利子や分配金を再投資して増やすこと）が得やすいこと、短期運用のように瞬間的な値動きや相場変動などに一喜一憂しなくてもいいこと、といったメリットがあるからです。

また、長期で運用できることで、マイナスになるリスクも軽減できます。

Aさんの場合、「老後必要資金＋これから先の35年間の長期運用」を考えたら、株式に比べて運用力が低い「外国債券」を持つべきか一緒に考えました。

最終的に、債券での運用は止め、株式メインの配分に変更して、将来的に高いリターンを狙う積極的な運用を選択されました。

アドバイス①

まだ長い運用期間を考え、株式メインでの運用へ。どの地域の株式に投資するか。

では、株式メインのポートフォリオにする場合、どんな株式を選べばいいのか。

Aさんの現状の保有株式の配分は、世界・国内・新興国の株式がそれぞれ20％ずつとなっています（合計で株式全体の比率が全体の60％）。

この分散の配分を見直すときの基本軸となるのは、「今後、どのエリアの経済発展に期待するのか」ということです。

最近の経済情勢を考えたとき、今後の日本経済に期待するのか、米国に期待するのか、新興国に期待するのか、それとも世界全体で考えるのか――。

この問いに対して、100％正しい答えを出せる人はいません。ですから、あくまでも加入者であるAさんの「何に期待するか」という意向で決めることになります。

そのお話をしたところ、Aさんからは「日本や米国、新興国という特定のエリアではなく、世界全体の経済に期待したい」
「世界全体に投資することで、少しでもリスク分散をしたい」
という意向がありました。そこで、勤務先の運用商品ラインナップから判断し、「世界株式のインデックスファンド100%」で運用することになりました。

アドバイス②

投資の知識がない初心者なら、インデックスファンドをおすすめ

世界株式を100%というと「偏りすぎるとリスクが大きくならないか？」と不安を覚える人もいます。しかし、それは決して偏った投資ではありません。

そもそも世界株式とは、さまざまな先進国や新興国の株式に投資する投資信託のこと。多くの場合、投資先の約60%はアメリカの株式、約30%がそれ以外の先進国、約10%が新興国の株式といった内訳で構成されています。

世界株式100%といっても、その中身はさまざまな国の株式があって、リスクも分散されているのです。

ちなみに、世界株式の投資信託にも「インデックスファンド」と「アクティブファンド」の2種類があります。

Aさんに、勤務先の企業型DCで選べる「世界株式インデックスファンド」と「世界株式アクティブファンド」の運用方針や運用実績を説明したところ、手数料を抑え、効率的に市場平均に沿ったリターンを得られる「インデックスファンド」を選択されました。

企業型DCの運用の基本戦略は、

・運用期間が長く取れる20～40代は、資産を増やすために「株式などでリスクを取ってハイリターンを狙う積極運用」をしていきます。

・出口（退職）が近づいてくる50代は、企業型DC以外の金融資産とトータルで考え、年金資産をどう守るべきかを

ある世界株式インデックスファンドの国・地域別構成比率

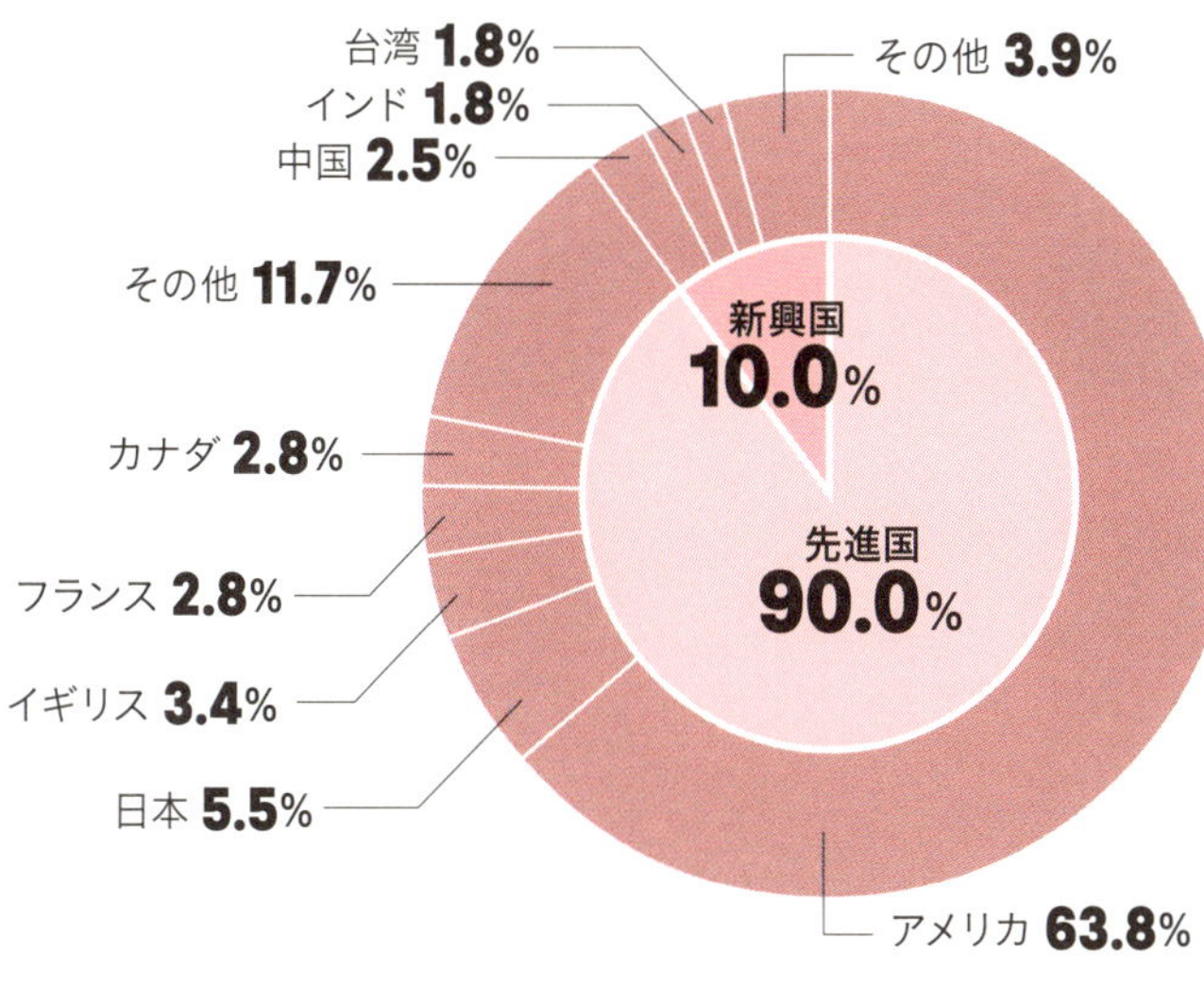

考えます。

将来のお金を増やそうと考えたとき、「若さ」は何ものにも勝るメリットになります。

ですから、とくに20代から30代の人は、「若いから老後を考えるのはまだ早い」という発想そのものを変えるべきです。「若いからまだ早い」のではなく「若いからこそ考える」。マネープランもスタートダッシュが大切なのです。

ケース②　Bさん　22歳・女性

Q 「増やす」より「損をしたくない！」という安定志向の新入社員。その一方で、将来的にお金が足りなくなる不安も抱えている——。

A お任せで分散投資できるバランス型商品を選んで「半分安定、半分積極」のハイブリッド運用を！

BさんのDATA

家族構成：独身
職業：製薬会社の一般職
社歴：入社1年目
年収：約350万円
金融資産：50万円（預金）
住まい：実家暮らし
企業型DC残高：約10万円

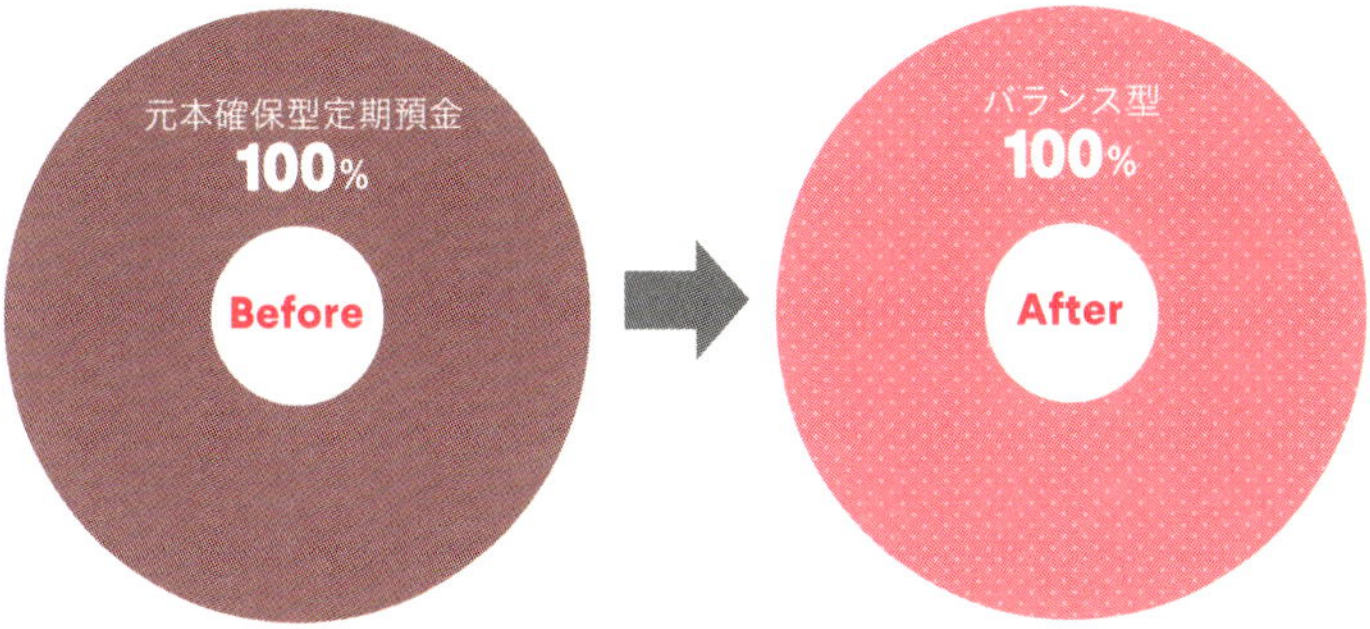

【相談の背景】

Bさんは製薬会社に入社して1年目、企業型DCの運用ゴールとなる60歳まで38年間もの長期運用が可能な新入社員です。

積極運用をすれば将来的に大きなリターンも期待できる年齢なのですが、本人は安定志向が強く、リスクを取る運用には消極的。お金を大きく増やすより、「できるだけ損をしたくない、リスクを抑えて安心したい」という意向が強いタイプです。

ただ「老後は2000万円必要」といった報道を見ると「自分は大丈夫か」と不安になることも。リスクは抑えたいけれど老後にも備えたいというジレンマがあるようです。

【DCの現状】

入社時の説明会を聞いたけれど内容をよく理解できなかったとのこと。現状では、リスクもリターンもいちばん少ない「元本確保型の定期預金」を100%保有しています。

【Bさんへの運用アドバイス】

入社時の企業型DC説明会ではイマイチ制度の内容を理解できなかったBさん。入社とともに企業型DCの加入者になっているものの、「よくわからないから」という理由で運用商品の選択をしていませんでした。

企業型DCでは多くの場合、運用商品の選択をしないと自動的に指定のデフォルト商品に投資することになります（商品は会社によって異なる）。

結局、Bさんは自社のデフォルト商品だった「元本確保型の定期預金100％」を保有することになったということです。

「増やすよりリスクを抑えたい」という堅実タイプのBさんにとって元本割れのない定期預金は、ある意味、適したタイプの運用スタイルではありました。

Bさんの相談は「リスクを取るのは怖いけれど、将来にも不安はある」というもの。

将来への準備や運用期間から考えれば、新入社員の今から積極運用をすることが定石ではありますが、不安感を捨てきれないようです。

そこでお話ししたのが「バランス型」商品の投資信託です。

アドバイス①

リターンの低い定期預金型より、分散投資をパッケージにしたバランス型商品を。

バランス型商品とは、国内外の株式や債券など値動きの異なる運用商品を組み合わせて1つにまとめたもの。言わば「パッケージプラン」です。

1つの商品で、幅広い分散投資ができる、投資の専門家が適宜ポートフォリオを調整してくれるなど、バランス型は「リスクを取りすぎず丸投げしたい」投資初心者向けの選択肢とも言いえます。

実はわたしたちの公的年金も、このバランス型に似たポートフォリオで運用されています。日本の年金はＧＰＩＦ（年金積立金管理運用独立行政法人）が長期的な観点に立った分散投資で運用しているのです。

次のステップは「どんなバランス型商品を選べばいいか」、つまりどんな資産配分の商品を選べばいいかということ。バランス型にも株式比率20％、50％、80％などのいくつかの運用商品が準備され

公的年金の運用比率

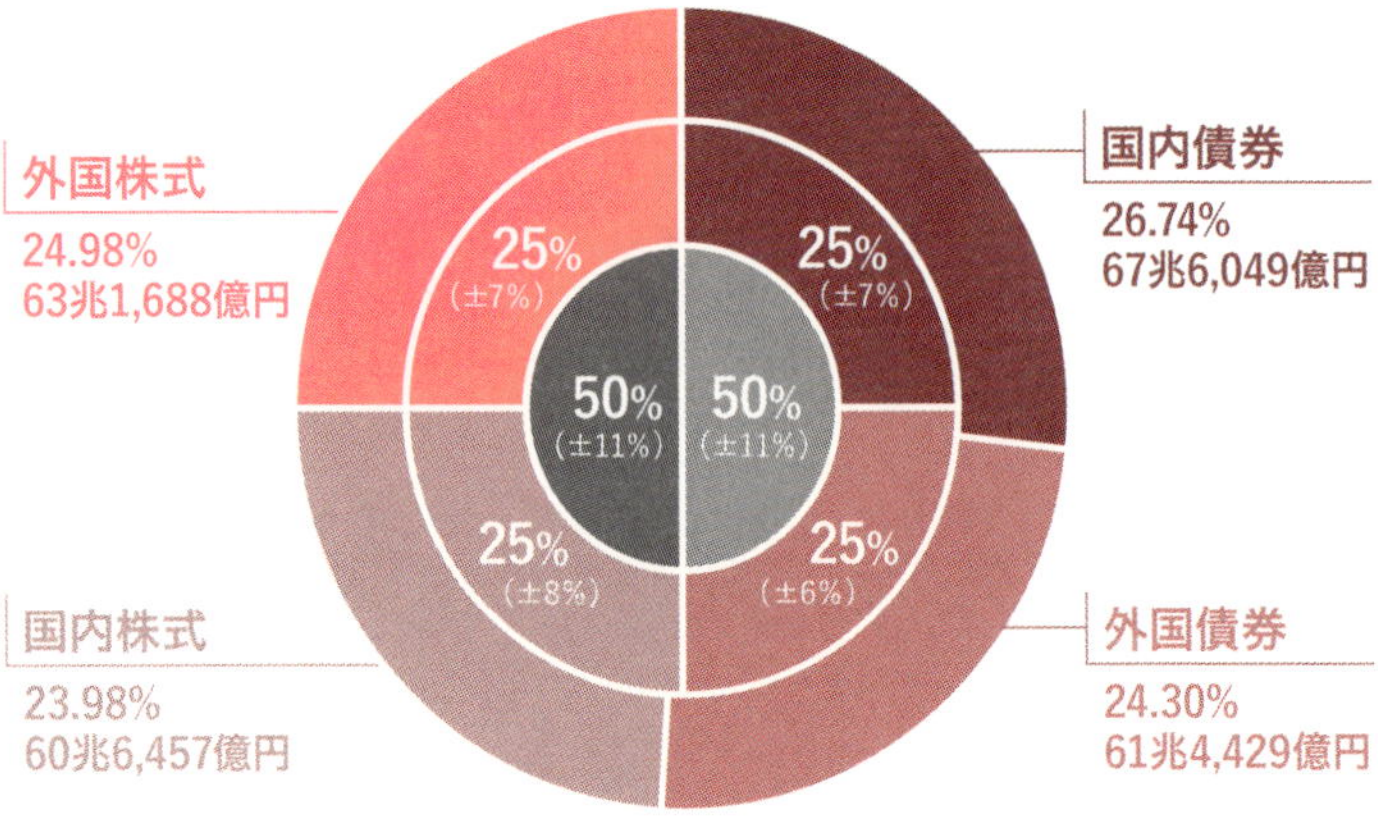

内側：基本ポートフォリオ（カッコ内は乖離許容幅）　外側：2024年9月末
年金積立金管理運用独立行政法人（GPIF）のホームページより

ていることがあります。

「よくわからないけど、リスクを抑えたい」というBさんにお話ししたのは、前述したGPIF（年金積立金管理運用独立行政法人）の基本ポートフォリオに基づいた運用商品です。

現在（2020年4月1日からの5か年）、GPIFの年金運用ポートフォリオは、「国内債券25％・外国債券25％・国内株式25％・外国株式25％」というもの。

安定性重視の「債券」、リターンを求める「株式」を半々に組み合わせることで、長期的にバランスのよい運用を目指す構成になっています。

アドバイス②

公的年金の配分比率を参考に、株式50％のバランス型100％へ。

国の年金に適用されているこの配分は、ある意味、「年金財政上必要な利回りを満たしつつ、最もリスクの小さいポートフォリオ」とも考えられます。

この話をしたところ、Bさんは「国の年金のポートフォリオと同じ」という安心感とわかりやすさを納得され、企業型DCのポートフォリオを、「元本確保型定期預金100％」から「株式比率50％のバランス型100％」へと変更されました。

アドバイス③

運用するリスクだけでなく、「運用しないリスク」も考える。

今回、堅実・安定志向のBさんにお伝えしたいいちばんのポイントは、老後資金準備を前提にした企業型DCでは、運用するリスクだけでなく「運用しないリスク」も考えるべきだということです。

とくに株式投資は「損をしそうで怖い」というイメージもありますが、それは短期運用の場合です。長期で考えれば、むしろブレ幅が収束する特徴もあります。

一方、運用しなければ、当然ながら退職金（年金）はほぼ増えません。老後に2000万円必要だとしても、何も運用しなければ、退職金は500万円程度にしかならない。

退職金が育たず、老後の資金不足という不安が生じるという形で将来的に「損」をしてしまうというのが「運用しないリスク」なのです。

さらに「元本確保型商品」はインフレに弱いという側面もあります。老後を迎える30年40年後の物価はどうなっていそうでしょうか。元本は減らなくても物価が上がってお金の価値が下がったら、実質、資産は目減りしたことになる。これも「運用しないリスク」の1つです。

運用しないことで生じるリスクを考えると、リスクを取ってハイリターンを狙う株式投資の比率が半分くらいのバランス型商品を選択して、長期で運用するという選択肢がBさんの最適解だと考えます。

ケース③　Cさん　34歳・女性

Q 結婚するつもりのない「おひとりさま」。
でも、1人の老後はマネープランにも不安があって……。

A 企業型ＤＣの最適化で、日々の暮らしをエンジョイしつつ老後にも備える！

CさんのDATA
家族構成：独身（1人暮らし）
職業：ゼネコン関係企業の一般職
社歴：入社12年目
年収：約500万円
金融資産：800万円（預金、財形）
住まい：賃貸マンション
企業型DC残高：約200万円

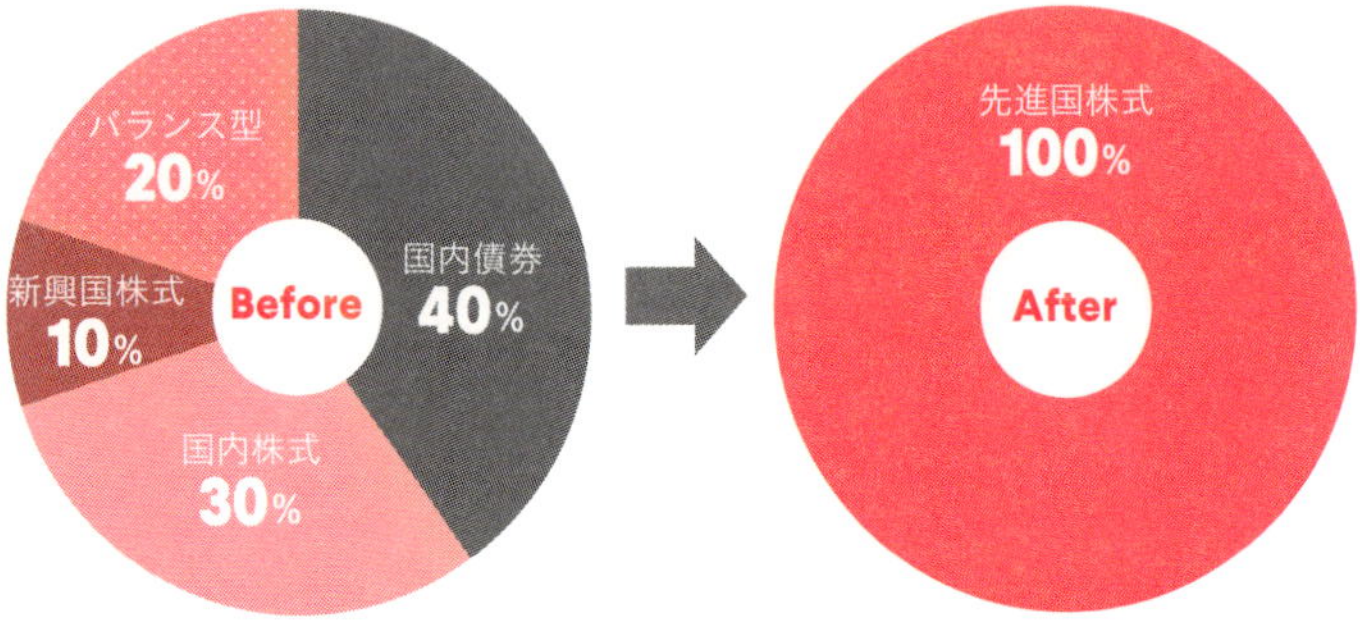

【相談の背景】

Cさんは仕事にもやりがいを感じていて結婚願望も薄く、「一生結婚しないかもしれない。別に結婚しなくてもいい」と考えている、いわゆる「おひとりさま女性」。

とはいえ、1人で迎える老後のマネープランについては不安も感じているそうです。

【DCの現状】

入社時から企業型DCで運用していて、現在の運用成績は「少しプラス」とのこと。

現状の資産配分（ポートフォリオ）は、国内債券と国内株式を軸に、新興国株式とバランス型商品もそれぞれ10～20%の比率で保有しています。

前出のAさんと同様に、入社時のDC説明会で、自分に合ったポートフォリオのモデルプランが見つかるフローチャートの診断結果をそのまま運用商品として選んでいます。

DC以外の資産形成として、会社の財形貯蓄に月3万円を積み立てています。

【Cさんへの運用アドバイス】

・責任ある仕事を任され、やりがいも感じている。今は結婚を考えられない。
・妥協して結婚するより、ずっと独身のままのほうがいいかも。
・独身の自由さや気楽さを手放すくらい

なら、結婚はしなくていい。
・結婚の必要性を感じない

この時代、女性に限らず、男性でも、何となく「自分は結婚をせず、ずっと独身かも」と考えている「おひとりさま」が増えています。Cさんも、まさにその一人。

生涯独身のひとり暮らしを貫くかもしれないという「おひとりさま」、とくにおひとりさま女性のなかには、早い段階からきちんと積み立てて老後に備えるよりも、「日々の生活をもっと充実させる」ことに重点を置こうとする人が多い傾向があります。

旅行や美容、ファッションやグルメなど「自分の人生をエンジョイするため」のお金を大事にしたいと考える人が多いということです。

そして、Cさんもまた「老後も大切だけど、今の生活も大事にしなきゃ」という意向を持っていました。

そんな彼女のマネープランの見直しにおいては、「今の生活の充実になるべく多くのお金を充てるために、極力少ない拠出（積み立て）金額で効率的に老後に備える」というアプローチがポイントになります。

アドバイス①

財形をやめて、企業型DCを見直せば、日々使えるお金も増やせる可能性が。

最初に提案したのは、Cさんが入社以来、「将来・老後の資産形成」を目的として、企業型DCと並行して続けている「財形貯蓄の見直し」です。

財形とは、給与や賞与からの天引きで自動的に積み立てができる貯蓄制度のことです。ライフイベントに向けてまとまったお金を貯蓄する制度です。普通預金金利と比べると多少利率がいいものの、現在の日本の低金利の下では運用益をほとんど期待できません。

また、財形にも利息に対する非課税措置がありますが、この低金利では利息自体が少額なため非課税の恩恵があまりありません。そのため老後の資産形成という意味では、あまり効率のよくない運用方法とも言えるでしょう。

そこでCさんには「財形貯蓄はやめて、企業型DCのポートフォリオを最適化して老後の備えにする」という選択肢をお話ししました。

ほとんど利益を生まない財形貯蓄に毎月積み立てるのはもったいない。それならばDCのほうを見直して、ある程度リスクを取ってハイリターンを狙う積極運用に切り替えるほうが圧倒的に効率的だからです。

財形をやめ、老後への備えは会社が積

み立ててくれる企業型ＤＣに一本化すれば、今まで財形で積み立てていた分のお金が浮いて、生活の充実に回すことができます。

アドバイス②

長期運用できるメリットを活かした、先進国株式１００％での運用へ。

企業型ＤＣについては、ケース①と同じように「20歳代で長期運用が可能というメリットを活かした積極的な運用を」という方向性での見直し＆最適化を提案。

結果としてＣさんは、現状の国内債券や株式、新興国の株式などを整理し、その期待リターンの高さから「先進国株式１００％」というポートフォリオへの変更を選択されています。

おひとりさまのため、生活費は自分自身である程度コントロールできます。そのため、リスクを許容できるので、世界株式よりもリターンを求める先進国株式で運用することになりました。

Ｃさんへの情報提供は、ケース①と同じプロセスとなっています。

今はおひとりさま志向でも、将来的に「結婚する」となる可能性もあります。その場合は、その段階で改めてマネープランをメンテナンスしましょう、ということになっています。

ケース④　Dさん　50歳・男性

Q 企業型ＤＣ＝退職金ということさえ理解せずに勤続30年。今になって自分の退職金の少なさに愕然……。

A 今からでも「100％株式」に変更し、できるだけ退職金の上乗せを図りましょう

DさんのDATA
家族構成：既婚（子ども1人）
職業：大手通信企業の営業職
社歴：入社28年目
年収：約1100万円
金融資産：2000万円（預金）
住まい：賃貸マンション
企業型DC残高：約480万円

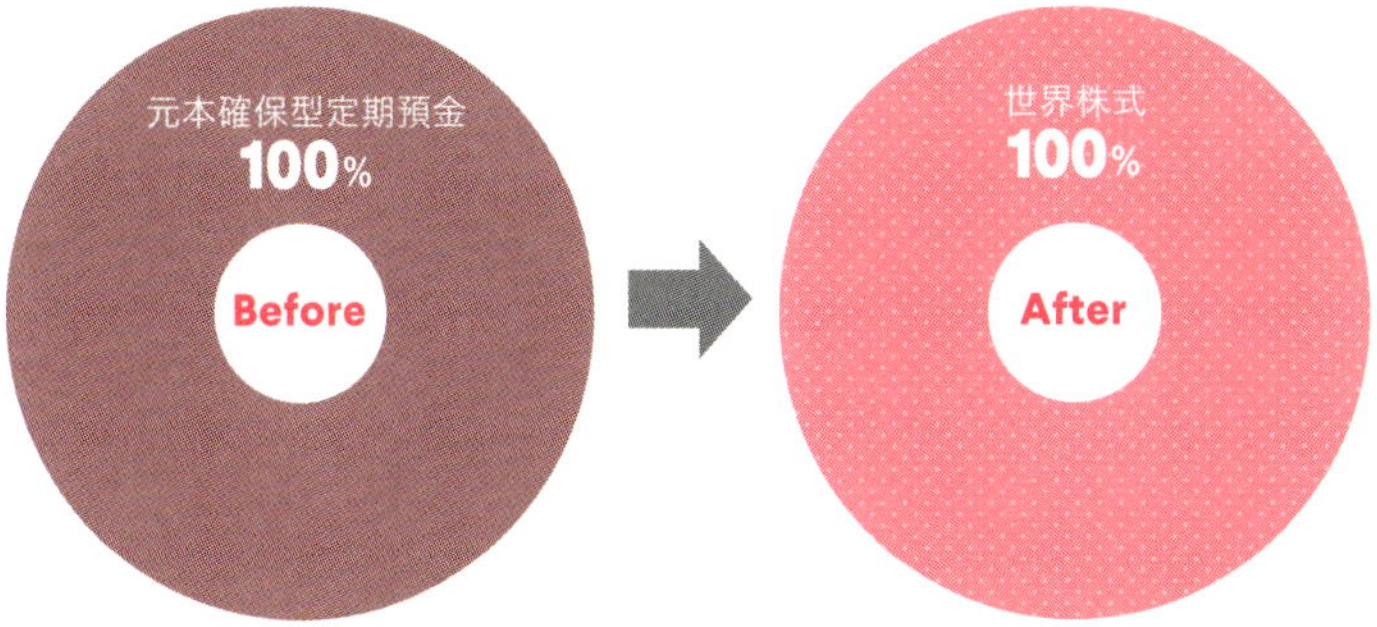

【相談の背景】

会社の退職金制度がＤＢから企業型ＤＣに切り替わってから約20年間、ずっと企業型ＤＣで積み立ててきたＤさんですが、今まで一度も運営管理機関から送付される「確定拠出年金のお知らせ（運用実績のレポート）」を確認していなかったそうです。そもそも「企業型ＤＣは退職金」だということも理解していませんでした。

今回、初めてレポートを見て、運用商品の１００％が、ほぼリターンのない「定期預金」だったこと、退職金があまりに少ないことが判明して愕然としたのだとか。

これでは老後の資金が全然足りない。今からでも何とか増やしたいという相談です。

【ＤＣの現状】

前出のＢさんと同様に、企業型ＤＣ切り換え時の説明会で運用商品を選択せず、デフォルトの「定期預金１００％」を保有することに。

それ以降、運用状況を確認することもなければ、運用商品の見直しや変更もせずに20年間ずっと放置したまま現在に至っています。誰しも知る大企業の50歳社員にもかかわらず、現在の年金資産（退職金）は約４８０万円。

【Dさんへのアドバイス】

DCでは出口（60歳の退職）が近づいたら、若い頃の積極運用から「守りの運用」に変えていくのが基本セオリーです。

ただ、Dさんの場合は事情が違います。約20年間ずっと、定期預金１００％で運用をしてきたために運用益がほとんど得られず、年金資産（退職金）が想像以上に少ない（約４８０万円）という事実が〝発覚〟したからです。

本人は退職金で２０００万円くらいもらえると予想していたそうですが、現状では予想の４分の１しかなかったのです。

さすがに50歳のDさんが60歳までに、４８０万円を２０００万円に増やすのは現実的ではありません。それでも「できる限り近づける」にはどうするべきか一緒に検討しました。

アドバイス①

短期間で資産を増やすために、世界株式１００％の積極運用に。

こちらから提案したのは、現状の「元本確保型定期預金１００％」をやめて、「世界株式１００％」に切り替えるという、DC運用のセオリーに逆行するようなプランです。

約10年という限られた期間で大幅に資産増を目指すには、投資のセオリーに反しても、ある程度リスクを取った積極運用が不可欠だからです。

Dさんもその提案を受けてくださったので、さっそく運用商品の変更を行いました。

アドバイス②

年齢的に今から株式100%だと、受け取り時に下落するリスクがあります。

ここでDさんに念押ししたのは、年齢的なリスクについてです。

今から株式投資をして資産を増やし、10年後の60歳で少しでも上乗せされた退職金を受け取る、というのが今回提案したプランです。

ただ、もしDさんが60歳になって退職金を受け取る時点で「○○ショック」のような経済不安が発生し、株価が暴落してしまったらどうなるでしょうか。10年かけて増やしてきた年金資産が、受け取り直前で大きく目減りしてしまいます。

ライフプラン上、株価の復活まで待てない人であれば、60歳のときに、その半減した額で受け取らなければならなくなります。とくに退職後すぐにお金が必要な場合、半減した退職金から取り崩してしまうと一気に資産を減らしてしまい、その後の生活や計画が大きく狂ってしまいます。

運用期間が長ければ、いったん値下がりしても、値上がりするまで待つことができますが、運用期間が短いと、その間に株価が戻らないこともあります。

50代になってからのDCでの株式投資には、年齢的（運用期間的）にこうした出口での値下がりリスクがあるということです。Dさんは幸い企業型DC以外にも金融資産をしっかり持たれていました。もし退職時に運用実績が悪い場合は、手元の金融資産を生活費に充てることができるため、株式での積極運用をすることができました。Dさんと同じような状況の方でも、安直に株式運用を選択するのは非常に危険です。

アドバイス③

企業型DCは75歳まで運用OK。退職時点での運用実績を見て運用の延長も検討を。

でも、そのリスクでの損失を抑える方法もあります。

実は企業型DCも個人型（iDeCo）も、退職金（年金資産）の受け取り開始を最長75歳まで先延ばしし、その間も運用することができます

もし、もしDさんが60歳になった時点で株価が暴落している場合は、75歳を上限に、株価が値上がりするまで継続運用するという選択肢もあるのです。

60歳から先延ばしした運用期間中（株価が戻るまでの間）、Dさんのように生活費などの必要なお金を退職金以外の資産で賄えれば、こうした方法を選ぶことも可能になります。

Dさんの場合、預貯金にも余裕があり公的年金も受給できるため、最長で75歳まで運用することも念頭に置いて「世界株式100%」に変更することになりました。

そもそもDさんが出口に近い年齢になって大慌てすることになったのは、これまで毎年届く取引レポートをまったく確認していなかったことに起因しています。

だから本来なら20～30代のうちにやっておくべき運用を、50代になってリスクを取りながらやる羽目になってしまったのです。

もっと若い頃からきちんと運用状況を把握できていれば、早い段階で運用商品の見直しもできたし、退職金も希望の額を受け取れたかもしれない――。Dさんは、大いに反省したそうです。

今後はレポートでDCの運用状況を定期的に確認し、60歳になったタイミングで、もう一度運用スタイルを検討することになりました。

ちなみにこの相談を受けたのは今から3年前のこと。運用商品を見直して積極運用に切り替えたことで、53歳になったDさんの年金資産は300万円ほど増えて、現在では約800万円になっています。

ケース⑤　Eさん　30歳・男性

Q 入社以来、そのままの運用商品を見直したい。でも、見直すための手続き方法がわからなくて……。

A マイページにログインするために
IDとパスワードの再発行から始めましょう。

EさんのDATA

家族構成：既婚（子ども1人）
職業：大手証券会社の営業職
社歴：入社8年目
年収：約800万円
金融資産：1000万円（預金、NISA）
住まい：賃貸マンション
企業型DC残高：約300万円

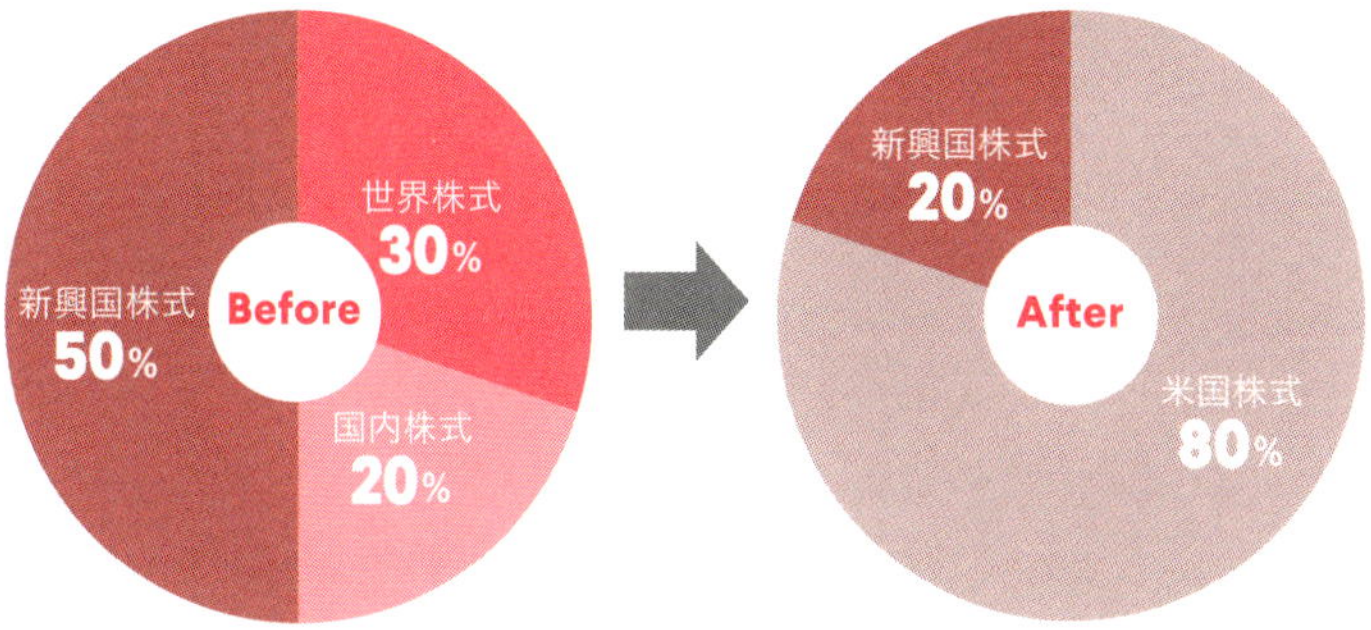

【相談の背景】

大手証券会社に入社して8年。入社時に10分の説明会でDCの運用商品を決めるよう言われ、「とりあえず」で適当に選んでしまったというEさん。

いつか見直そうと思いつつ、仕事の忙しさにかまけて月日が経ってしまったそうです。それでも一度は「見直そう」としたのですが、「どうやって見直せばいいか」その手続き方法がわからず、それを調べるのも面倒になって、やはりそのまま放置。

今度こそ見直したいので、手続きの仕方をサポートしてほしいという相談です。

【DCの現状】

入社時は「証券マンなら新興国株式で勝負でしょ」的な攻めっ気があって、新興国株式を半分、あとの半分は世界株式と国内株式を保有しています。Eさん曰く「あの頃は、若くて尖ってたから……」と若干の反省も。

【Eさんへのアドバイス】

Eさんは大手証券会社にお勤めの、言わば「投資のプロ」。なので運用商品の選択に関しては、ご自身で「ああしたい、こうしたい」が明確にわかっています。

ただ、毎日の仕事がものすごく忙しく、見直さなきゃという気持ちがありつつ、ずっと後回しになっていました。

「医者の不養生」とも言いますが、運用

の知識も経験も豊富な投資のプロなのに、お客様への対応に追われて自分の企業型DCを見直す時間が取れなかった――。実はこれ、金融業界の〝あるある〟なのです。ですからEさんの場合は、運用商品の選択を検討する前に、まず「現状の運用商品を見直すための手続き」をお教えしました。

アドバイス①

企業型DCの加入者サイトにログイン。変更手続きはサイト上のマイページで。

運用商品の見直し（配分変更やスイッチング）の手続きは、DC加入者自身がインターネット上の運営管理機関の加入者サイトで行うのが基本です。

一般的には、「JIS&T」や「NRK」など確定拠出年金運営管理機関の企業型DC加入者サイトにアクセスし、IDとパスワードでマイページにログイン。そこで所定の手続きをすることになります。

Eさんの場合、IDもパスワードも忘れていたため、まずは社内の企業型DC担当部署にIDを確認し、そのIDをもとに運営管理機関のコールセンターに電話をかけ、パスワードの再発行をするところから始めました。

アドバイス②

新興国株式を持つときは、期待とリスクのバランスを考えて。

Eさんは投資のプロなので、見直しにあたっての新たな運用商品の選択については、基本、ご本人の意向にお任せにしました。

その結果、株式メインという基本はそのまま維持。その上で、外国の株式は世界株式で分散させるのではなく、先進国は米国株式に絞って80%を保有。残りの20%に新興国株式を充てるという判断になりました。

割合は少なくなっても、やはり新興国株式へのこだわりがあるのがEさんの意向の特徴でもあります。

新興国株式の場合、中国やインドがメインの投資対象になっています。この2つの国は世界的に見ても人口が増えてきた経緯があり、今後の経済発展が大いに期待できると予想したのでしょう。

ただ現状では先進国と比べるとリターンのブレ幅も大きいので、それをリスクと捉える見方もあります。そうした期待とリスクのバランスを見て、運用商品のなかに少しだけ新興国株式を組み込むというポートフォリオを組む人が増えてきています。

Eさんも現実的なリスクと期待を考えた結果、入社当初の50%という新興国株式の比率を、20%にまで下げることにしました。

ケース⑥ Fさん 47歳・男性

Q 会社の年金制度がDBからDCに変更。DBで貯まっているまとまったお金、どう運用すればいい？

A 将来の必要資金を計算しつつ、株価を見ながら運用スタイルを決めていきましょう。

FさんのDATA
家族構成：既婚（子ども2人）
職業：メーカーの管理職
社歴：入社25年目
年収：約1200万円
金融資産：2000万円（預金、保険、NISA）
住まい：持ち家
企業型DC残高：約1000万円

Before
確定給付企業年金（DB）のため、
なし

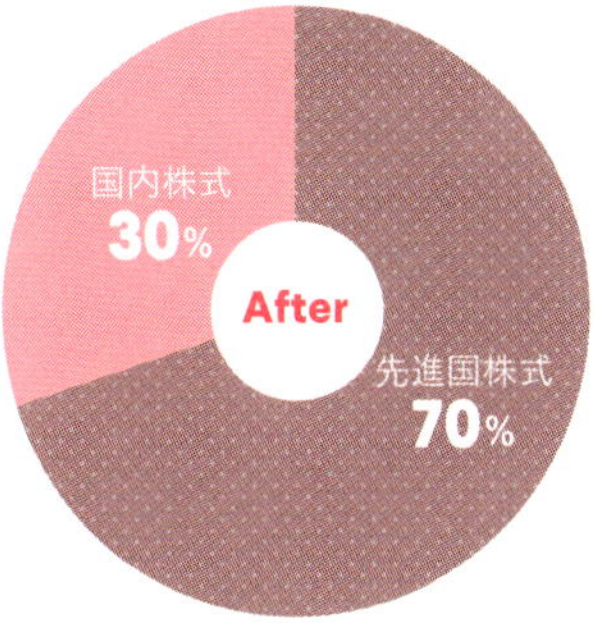

【相談の背景】

メーカーに勤めて25年のFさん。今回、会社の退職金制度が確定給付企業年金(DB)から、企業型DCに移行することになりました。社歴25年のFさんがDBによる退職金を試算したら、現状で約1000万円だったそうです。

企業型DCになったら、この約1000万円分の運用商品を自分で決める必要があります。でも、いきなりこんな大金で投資と言われても「何で運用すべきか」「どのタイミングで運用商品を変更すべきか」わからない、という相談です。

【DCの現状】

なし

【Fさんへのアドバイス】

最近、Fさんの会社のように、退職金制度を従来の確定給付企業年金(DB)から企業型DCに移行(変更)するという事例が増えています。

従業員にとっては、「これまでは会社が年金の資産運用をしてきたけれど、これからは〝あなた自身〟でやってください」、そして「会社がこれまで積み立てた現時点での退職金は渡すから、あとはあなたがこのお金を運用してね」と言われているようなものです。

Fさんの場合、企業型DCに移管された1000万円の年金資産(退職金)の運用に困っているというわけです。

アドバイス①

まず、ライフプラン表を作成して、今後必要になるお金を計算しましょう。

１０００万円という大金の投資と言われれば、あれこれ不安になるのも当然のこと。しかもFさんは40代後半という出口に近い年齢になっています。

そもそも投資にそこまで詳しくないFさんが１０００万円もの大きな資産を、最初から一括で「先進国株式に何百万円、国内株式に何百万円」といった形で運用するのは、リスクが大きすぎるでしょう。金額が大きいゆえに、もし株価が大きく下がったら、１０００万円がいきなり数百万円に半減してしまう可能性もあるわけですから。

そこで、まずライフプラン表を作成しました。

今後、Fさん一家にとって必要になる大きな出費は何か、どのタイミングで必要か、預貯金はどう推移していきそうかといった簡単な表を作成し、それを基に、これからのマネープランを構築することにしたのです。

Fさんの場合、５年後10年後のスパンで見ると、いちばん重要な支出は２人のお子さんの教育費でした。つまり、退職よりも手前でまだ相応のお金がかかるということです。

そのライフプラン表を見たFさんは

「教育資金で手元の預貯金が減る可能性が高いので、退職時の預貯金が思った以上に少なくなる。であれば企業型DCは今よりもっと増やしておきたい」という意向になりました。

年齢的には積極運用から安定運用にシフトしていくタイミングではあるのですが、その意向を受けて、DCではリスクを避けつつも安定よりも積極的な運用をしていくという方向性になりました。

アドバイス②

大きい金額ゆえのリスクを抑えるために、5年に分けてスイッチングによる投資を。

次に今ある1000万円の年金資産をどう運用するかです。

Fさんの1000万円のように大きな金額を投資に回す場合には、「今現在の株価を『安い』と考えるのか、『高い』と考えるのか」が非常に大事になります。

「安い（＝今後は値上がりしていく）」と考えるなら、1000万円一括で株式に投資すれば、大きなリターンを期待できるでしょう。

反対に「今は高い（＝今後は値下がりしていく）」もしくは「わからない」と考えるなら、一括ではなく、毎月〇〇万円や毎年〇〇〇万円など、分散して運用商品を購入していくことでリスクを抑えることができます。

金融情勢をお伝えしたところ、Fさんの現在の株価の見方は「若干の割高感はあるけれど、長期的にはまだ上がっていくのでは」というお考えでした。

そこで「割高感を感じているのなら、リスク回避を考えて分散での運用を」という考え方をベースに、毎年200万円ずつ5年間に分けて運用するという方法になりました。

具体的には、確定給付企業年金（DB）からFさんのDCの口座に入金（移換）された1000万円（現状の年金資産）を全額、ひとまず「元本確保型の定期預金」に入れます。

そして、そこから毎年1回200万円分ずつ、定期預金を売って「スイッチング」で運用商品を購入。この運用を5年間にわたって行うというものです。

DCでの運用商品は、老後に必要な資金や現在の金融資産（貯金）を考えて、先進国株式を中心にした投資に。また今後の円安傾向も考慮して国内株式も一部組み入れて、結果的に「先進国株式70％、国内株式30％」という配分のポートフォリオを組みました。

ケース⑦　Gさん　28歳・女性

Q 運用のことはよくわからないので、「バランス型」でお任せしているけど、このままでいい？

A 運用を丸投げできる商品には、ほかに「ターゲット型」という選択肢もあります。

GさんのDATA

家族構成：独身（ひとり暮らし）
職業：医療メーカーの営業職
社歴：入社6年目
年収：約550万円
金融資産：500万円（預金、持株会）
住まい：賃貸マンション
企業型DC残高：約90万円

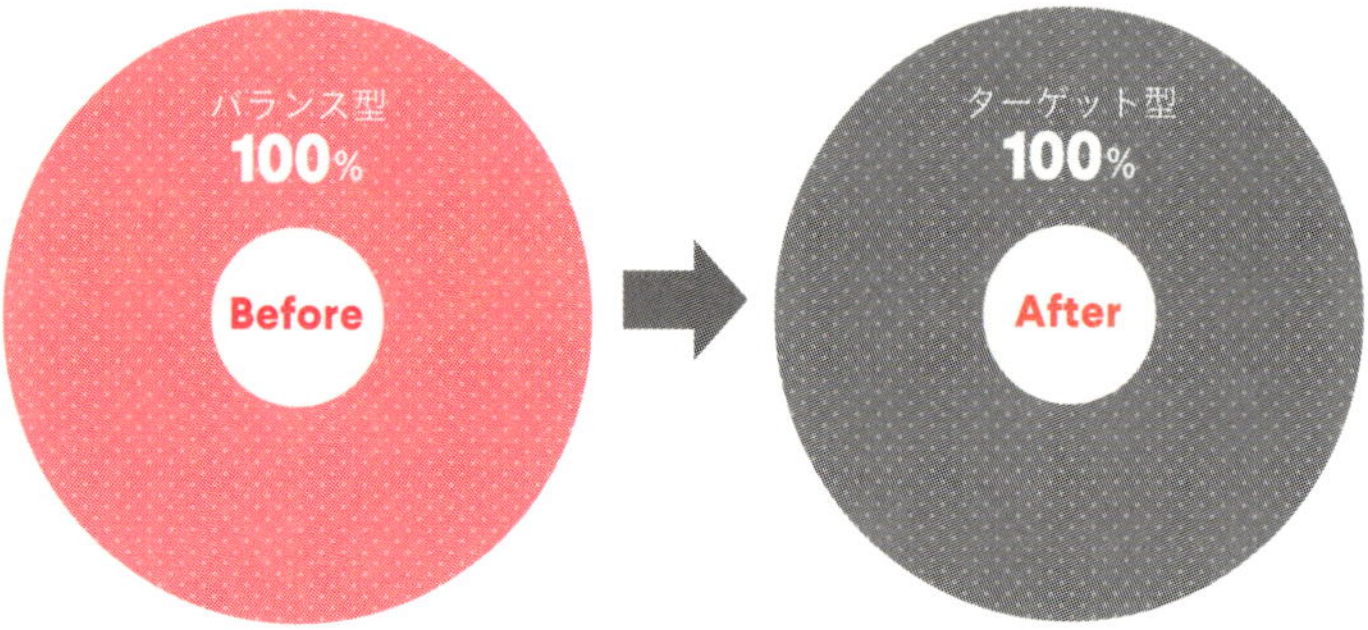

【相談の背景】

入社時のDC説明会でいろいろ聞いたけれど、あまり理解できなかったというGさん。

投資や運用って難しそうだからいっそのこと運用はすべてプロにお願いしたいと、運用商品の選定や調整などがパッケージになった「バランス型」の投資信託を選択。

この選択、間違ってますか?という相談です。

【DCの現状】

「バランス型」100%という、すべてプロにお任せ状態。一応、プラスにはなっているので大きな問題は感じていない。

【Gさんへのアドバイス】

「とにかく面倒なこととか難しいことが苦手。投資や運用なんてとくに性格的にも無理。自分では絶対に考えたくないんです」

という非常にわかりやすい理由で「バランス型100%」を選択しているGさん。

確かにバランス型は、債券、株式、REITなどの運用商品の配分が決められていて、加入者本人が選ばなくてもよいように〝パッケージング〟されています。言わば、プロの栄養士さんが栄養バランスを考えておかずを決めた「幕の内弁当」のようなもの。

これを選べば、自分で運用指図(栄養

価の計算）をしなくても効率的な運用（バランスのいい食事）ができるわけです。

つまり、バランス型の本来のメリットは「プロが幅広い運用商品をカバーしてくれることで、リスクを分散できる」点にあるのです。

ただ、運用商品の配分比率が固定されているため、たとえば「先進国株式30％、国内株式30％、国内債券20％、海外債券20％」という配分比率のパッケージなら、基本的には何年経過してもこの比率のまま運用されます。

入社したばかりの20代でも、出口に近い50代でも、最初の配分比率は変わりません。

アドバイス①
「ターゲット型」の投資信託なら、定年に向けて自動で運用商品の比率を調整してくれます。

Gさんには、パッケージで丸投げしたいのなら、バランス型のほかにもう1つの選択肢があることをお伝えしました。

それが「ターゲット型（ターゲットイヤー型）」商品です。

ターゲット型も、あらかじめ複数の運用商品が選択されているパッケージタイプの商品なのですが、バランス型と異なるのは、「設定した年齢に近づくにつれて運用商品の配分比率が自動的に調整される」という点です。

たとえば、自分が定年になる年をターゲットに設定すると、その年に近づくにつれて徐々に値動きが大きくリスクが高い運用商品の比率が減り、比較的リスクの小さい運用商品の比率が増えていきます。

自動的にリスクを抑えた比率に調整される安定した運用が可能になる。定年に向けて運用商品のメンテナンスまで丸投げできる。これがターゲット型のメリットと言えます。

自分で考えて運用したい人には向きませんが、初心者やよくわからない人なら検討してみるのもいいでしょう。

アドバイス②

ターゲット型はほったらかしでいい分、デメリットもあるので注意が必要。

ほったらかしで運用できるターゲット型ですが、その分、デメリットもあります。

ひとつは「手数料が割高になる」こと。運用を投資のプロに任せることになるため、手数料（信託報酬）はやや割高になる傾向があります。

一般的な手数料は、預けている資産に対して年間0・3％程度（バランス型もターゲット型もほぼ同じくらい）。1000万円の資産なら年に約3万円かかることになります。

手数料が年0・1％程度のインデックス型商品と比べると（アクティブ型は年1％）、やはり割高と言えるでしょう。

たとえば、1000万円を定年まで35年間、ターゲット型で運用すると、手数料だけでトータル100万円を超える計算になります。長い目で見るとバカにできない金額になるので、しっかり考慮して検討する必要があるでしょう。

もうひとつのデメリットは「運用成果がいいときでも、それに沿ったリバランス（比率の調整）ができない」ことです。

自動で配分比率が調整されるターゲット型に丸投げした以上はすべてお任せ。たとえば、ターゲットの年に近くなってから株式で利益が出そうになっても、勝手に債権などの安定型商品にリバランスされてしまうケースもあるということです。

メリットとデメリットの両方を詳細に情報提供したところ、Gさんはやはり「手数料がかかっても、丸投げのほうがいい」と、現状のバランス型からターゲット型に変更することになりました。

ケース⑧ Hさん 54歳・男性

Q 定年退職を意識する年代になったので、ゴールを見据えた運用を相談したい。

A 10年を切っている運用期間を考慮して、リスクを抑えた安定＆手堅い運用へのシフトを。

HさんのDATA

家族構成：既婚（子ども2人）
職業：家電メーカーの企画職
社歴：入社32年目
年収：約1200万円
金融資産：2000万円（預金、保険、NISA）
住まい：持ち家
企業型DC残高：約3000万円

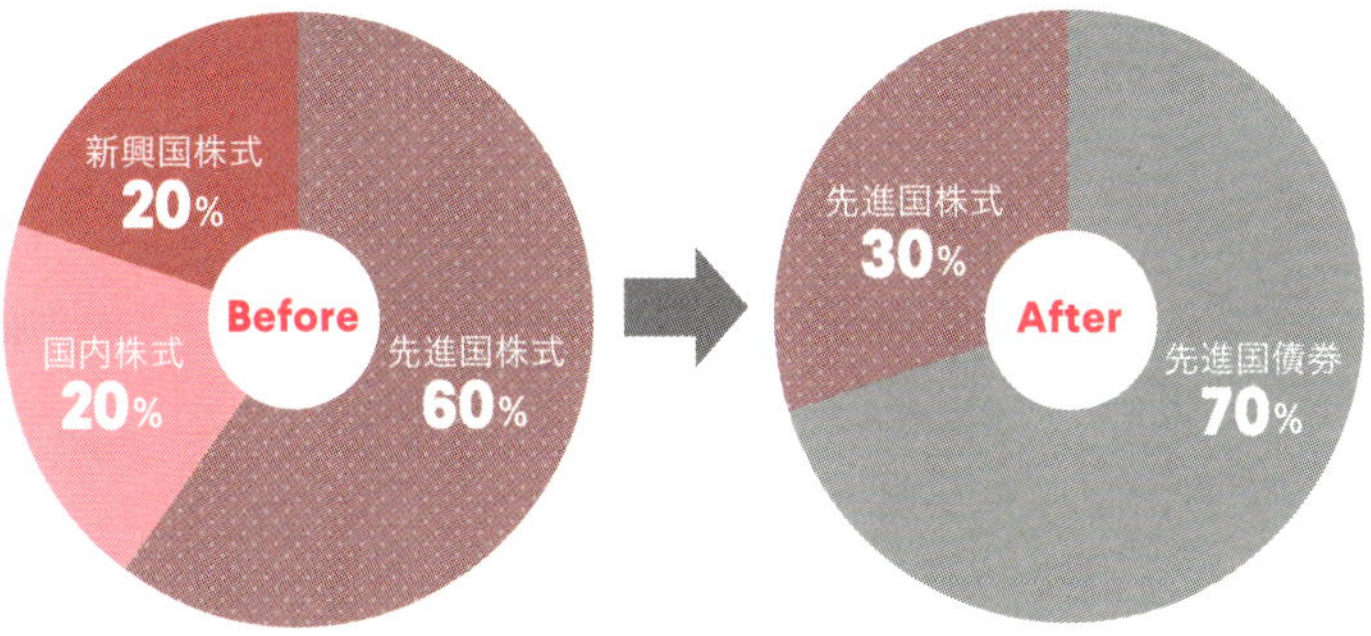

【相談の背景】

会社の年金制度がＤＢからＤＣに移行されて５年。その間に株式中心の運用で約１０００万円の資産増に成功。現状ではある程度の年金資産は形成できている（約３０００万円）。そろそろ退職を見据える年代になって、今後の運用について見直しをしたほうがいいのか、という相談です。

【ＤＣの現状】

運用商品はすべて株式（先進国株式をメインに、国内と新興国を少しずつ保有）という積極運用志向のポートフォリオになっている。

【Ｈさんへのアドバイス】

株式中心の積極運用で約３０００万円というまとまった年金資産を形成、そのほかの資産（不動産など）も所有しており、老後の資金に十分余裕があるＨさん。

これからの運用の意向を確認したところ、「もっと増やすより、この資産をしっかり維持したい」とのことでした。

アドバイス①

出口が見えたら「増やす」運用から、「守る」運用に移行していきましょう。

出口（定年退職）が見えてくる50代になったら、運用のゴールを意識して「攻めるより守る」運用を心がけるのが企業型DCの基本です。

老後の資金を十分に確保できているHさんにとって、これ以上のリスクを取って資産を増やす時期はすでに終了と考えてもいいでしょう。そこで、定年までの約5年間はその資産を「減らさない」運用への切り替えを提案しました。

ただ、Hさんには「リスクが少なければ、多少は増やす投資もしたい」という希望もあったため、結果として、先進国債券を70％、先進国株式を30％組み入れたポートフォリオを構成しました。

こうした守り中心の運用にシフトすることで、万が一、出口直前に株価の暴落などが発生しても、せっかく貯めた資産が目減りしてしまうといった事態を防ぐことができます。

第7章

転職する時には、どうすればいい？

≫転職したら6か月以内に絶対にやるべきこと

企業型ＤＣは、退職後の老後の資産形成を目的としているため、60歳になるまで年金資産を引き出すことができません。

では、60歳になる前に転職や退職などでいまの会社を辞めることになった場合、積み立てた年金資産はどうなるのでしょうか。

6か月以内に手続きしないと資産が減っていく？

転職や退職で企業型ＤＣの加入資格を失った日（退職日翌日）の翌月から起算して「6か月以内」に移換手続きをしない場合、積み立ててきた年金資産は現金化され、自動的に「国民年金基金連合会」に移され（自動移換され）ることになります。

自動移換されると、

- **利息のつかない現金資産として管理されることになる。**
- **自動移換の手数料や管理手数料などが引かれ続けるため、資産が減っていく。**

・自動移換中は加入期間に算入されないため、場合によっては年金の受取開始年齢が60歳以降になる恐れがある。

といったデメリットしかありません。

増えることもなく、増やすこともできず、手数料だけを取られる――。期限内に必要な手続きをしないと、せっかく積み立ててきた年金資産は、ただ「塩漬けされて放置」状態になってしまうのです。

実際、**自動移換された人は１１８万人、放置状態になっている年金資産の総額は何と２８１８億円**に上ることがわかっています（２０２２年度末時点）。

非常にもったいないです。

では移換手続きはどのようにすべきなのか、見てみましょう。

■企業型DC制度が「ある」会社に転職する場合

企業型DC制度を導入している会社に転職する場合は、これまで積み立ててきた年金資産をそのまま転職先の企業型DCに移換することができます。

移換手続きは、転職先企業で行われます。転職先企業へ「移換依頼書」を提出してください。

また移換後は、転職先の企業が拠出する掛け金での資産運用も始まります。

ただ、会社が変われば企業型DCの商品ラインナップも変わるため、運用商品は転職先の商品ラインナップのなかから新しい運用先を検討・選択することになります。

転職して3か月前後で、前職の年金資産が移換されます。移換された年金資産を運用する場合には、かならずスイッチング手続きで運用商品を選択してください。

■企業型DC制度が「ない」会社に転職、もしくは加入しない場合

企業型DC制度を導入していない会社に転職する、あるいは制度はあるものの加入を希望しないという場合は、個人型確定拠出年金（iDeCo）に移換することができます。

すでにiDeCoに加入している人はその口座に移換。iDeCoに加入していない場合は、希望する金融機関でiDeCoの口座開設をし、自身で移換手続きを行うことになります。

また、転職先に確定給付企業年金（DB）がある場合、企業型DCの年金資産を移換することができるケースもあります（転職先の規約による）。

さらに、一定の要件を満たしていれば、これまで企業型DCで積み立てた年金資産を「脱退一時金」という形で受け取ることも可能です。

いずれにせよ、転職先の会社に詳細の確認をするのが賢明と言えます。

■退職後、自営業者・無職になる、もしくは公務員になる場合

退職した後は会社に就職せず、自営業者やフリーランスとして働く人、仕事をしない（無職になる）という人は、当然ながら企業型DC制度に加入できません。

その場合、これまで前の会社の企業型DCで積み立ててきた年金資産は、個人型（iDeCo）に移換することができます。

また、退職して公務員になる場合、勤め先となる国や地方自治体には企業型DC制度

が存在しません。そのため、これまでの年金は、やはりｉＤｅＣｏに移換することになります。

ｉＤｅＣｏへの移換の手続きについては、「企業型ＤＣ制度がない会社に転職、もしくは加入しない場合」と同じです。

いずれのケースにせよ、とにかく「6か月以内に移換手続きを忘れない」と覚えておいてください。

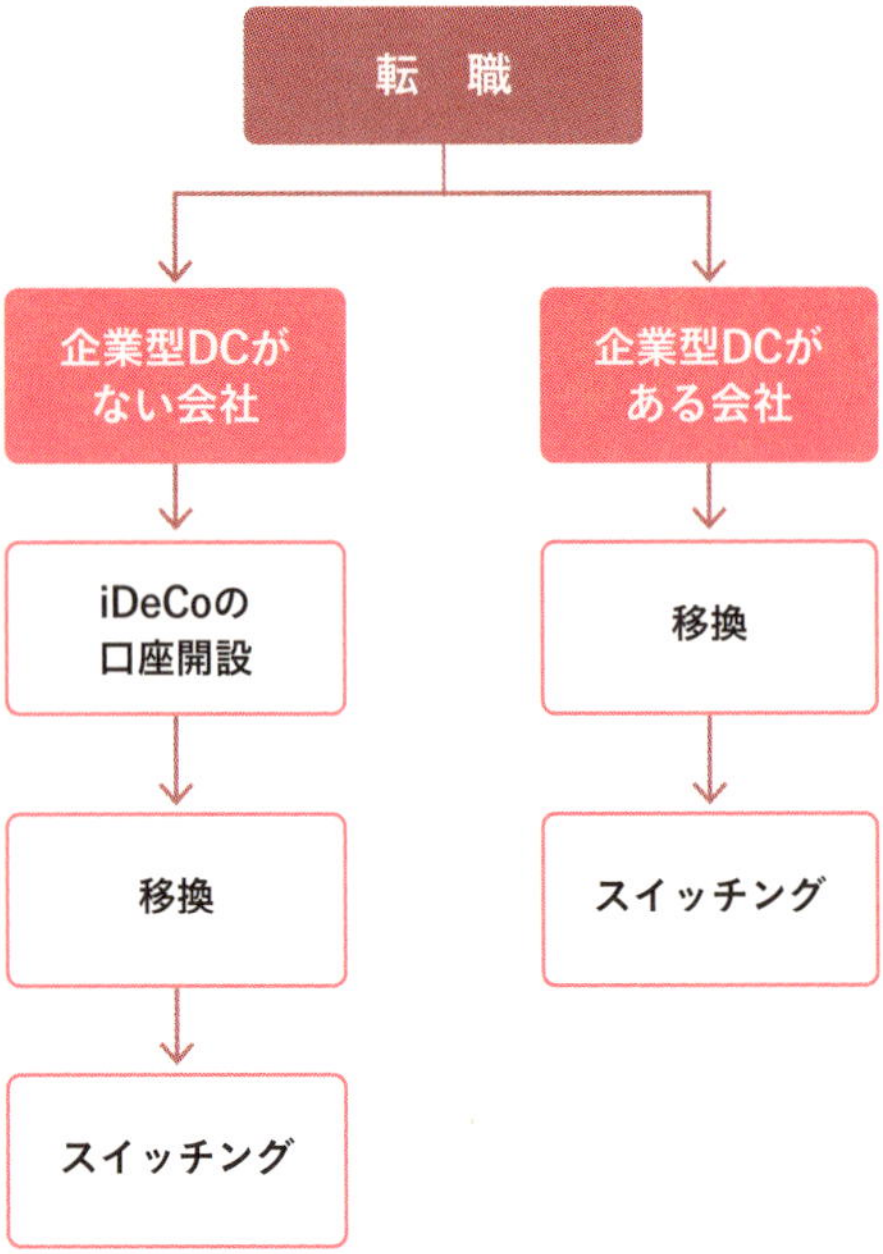

終章

企業型確定拠出年金（企業型ＤＣ）とは何か

企業型ＤＣの制度自体の話は、非常に難しく、この話から入ると「聞きたくない」と感じる方が多いため、この本ではあえて詳しくは説明しませんでした。

あくまで補足として載せておりますので、興味がある方だけ読んでいただければと思います。

多くの企業が導入している2つの退職金制度とその違い

多くの企業の退職金は、「確定給付企業年金」か「企業型確定拠出年金（以下、企業型ＤＣ）」のどちらかです。

「確定給付企業年金」も「企業型ＤＣ」も、年金制度の3階部分にカテゴライズされる私的年金です。名前がよく似ているのでわかりにくいですが、仕組みは全く異なります。

確定給付企業年金は、いわゆる従来型の退職金制度で、「従業員に支給する年金額（退職金）」をあらかじめ企業が定めています。退職金を支給するために必要な積み立てや運用はすべて企業が行います。

積み立てや運用のリスクはすべて企業が負っており、加入者（従業員）本人が運用に関わったりリスクを負ったりすることはありません。

一定の条件（勤続年数や役職など）の下で、従業員が将来的に受け取れる年金額（退職金額）が確定している＝受け取れる金額が決まっているのが特徴になります。

一方、企業型DCは、企業が決められた掛け金を毎月積み立てて、従業員自身がその資産を運用することで、将来に受け取れる年金額（退職金額）が決まる制度です。

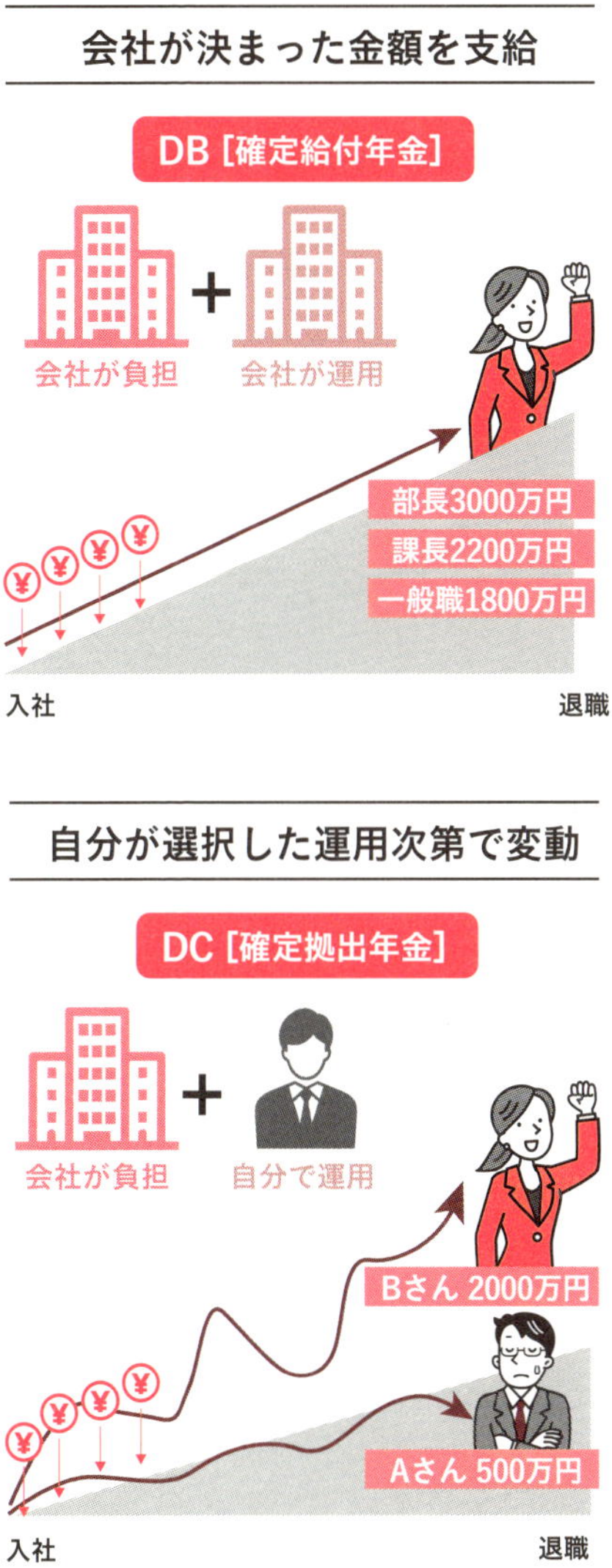

自分で資金の運用を行うため、その運用成績次第で年金額（退職金額）が変わるのが大きな特徴です。

つまり「確定給付企業年金」と「企業型ＤＣ」の最大の違いは「何が確定しているか」にあるということ。

・「年金額（退職金額）が確定」していて、「企業が運用する」のが「確定給付企業年金」
・毎月の「積み立て額が確定」していて、「従業員が運用する」のが「企業型確定拠出年金（企業型ＤＣ）」

となります。

》企業型確定拠出年金（企業型ＤＣ）とは

企業型確定拠出年金（以下、企業型ＤＣ）は、米国の内国歳入法の第４０１条ｋ項に基づいて設定された税制適格年金制度を参考にしたため、「日本版４０１ｋ（ヨンマルイチケイ)」とも呼ばれることがあります。

企業型ＤＣは、企業が従業員の老後資産形成サポートのために導入する年金制度（退職金制度）のことです。企業型ＤＣの導入は任意のため、勤務先が企業型ＤＣを導入していない場合は加入することができません。

これまで企業型ＤＣに加入できるのは、原則として60歳未満の厚生年金被保険者でしたが、２０２２年５月以降は厚生年金被保険者であれば「70歳未満」の方でも加入できるようになりました。

企業が積み立てる掛け金は、次のような上限額が設定されています。企業型ＤＣ以外の企業年金（厚生年金基金や確定給付年金など）の有無によって異なりますが、２０２５年１月現在、

・他の企業年金がある場合　月額２万７５００円（年額33万円）
・他の企業年金がない場合　月額５万５０００円（年額66万円）

この上限額を超えて掛け金を積み立てることはできません。

従業員はその掛金を、自ら運用先を選択し運用します。選択できる運用先は企業によって異なりますが、基本的には

・保険や定期預金などの「元本確保型商品」
・債券や株式などの「元本変動型商品」

のカテゴリーから自分に合った運用先を選ぶことになります。

加入者は60歳以降、積み立て&運用した年金資産を「一時金」、もしくは「年金」で受け取ることができます。

ただし、企業型DCはあくまでも老後の資金形成が目的のため、積み立てて運用した資産は、原則として60歳になるまで引き出すことができません。

また、60歳ですぐ受け取る必要がなければ年金資産を受け取らずに、最長75歳まで運

用することも可能です。

自分で積み立て額を負担する「個人型確定拠出年金（iDeCo）」とは？

確定拠出年金には、企業型DCのほかにもう1つ、個人型確定拠出年金（iDeCo）があります。

iDeCoも、公的年金に上乗せして老後資金を確保する（3階建て構造の3階部分に該当する）私的年金制度にカテゴライズされます。

ただ企業が掛け金を拠出してくれる企業型DCと違い、iDeCoは「加入者個人」が自分で掛け金を積み立て・運用する資産形成制度です。

企業型DCに加入できない人（自営業や専業主婦など）、会社員、公務員など、20歳～65歳未満で国民年金保険の被保険者（保険料を払っている人）であれば、原則として誰でも加入することができます。

自分自身で運用を行うため、加入者本人が運用リスクを負うこと、運用成績次第で将来受け取れる年金額が変動することは企業型ＤＣと同じです。
また、積み立てた年金資産を60歳以降に「一時金」または「年金」で受け取れること、原則として60歳までは引き出せないことも企業型ＤＣと同じです。

ｉＤｅＣｏでも積み立てできる掛け金には上限が設けられています。上限額は加入資格の区分によって異なります。２０２４年12月に制度が改正され、一部の区分では上限額が引き上げられました。新旧比較表を記載していますのでご確認

会社員・公務員のiDeCo掛け金上限額

国民年金第2号被保険者	2022年10月1日～	2024年12月1日～
(1) 企業型DCのみに加入	月額5.5万円ー各月の企業型DCの事業主掛け金額（ただし、月額2万円を上限）	月額5.5万円ー（各月の企業型DCの事業主掛け金額＋DB等の他制度掛け金相当額）（ただし、月額2万円を上限）
(2) 企業型DCとDB等の他制度に加入	月額2.75万円ー各月の企業型DCの事業主掛け金額（ただし、月額2万円を上限）	
(3) DB等の他制度のみに加入（公務員を含む）	月額1.2万円	

※2024年12月制度改正（企業年金がある会社員の上限額が引き上げられました）

ください。

比較表に記載していない会社員・公務員以外の上限額は以下の通りです。

・自営業やフリーランス　月額6万8000円
・専業主婦（主夫）　月額2万3000円

iDeCoの掛け金の下限は「月額5000円」で、以降は1000円単位で金額設定できます。また、1年（12月分の掛け金から翌年11月分の掛け金の間）に1回に限り掛け金を変更することができるので、自分の経済事情やライフスタイルに合わせた掛け金額で老後資金を形成できます。

企業型DCとiDeCoのおもな違い

	企業型DC	iDeCo
掛け金額	会社が定めたルールで計算した額	5,000円以上で自分で決定した金額
事務費用負担者	原則企業（一部本人負担あり）	加入者本人
加入者が選択する商品	企業が業務を委託した運営管理機関が選定した運用商品一覧の中から選択	加入者が申し込みをしたiDeCoの運営管理機関（金融機関）の一覧から選択

》企業型ＤＣの大きな3つの税制メリット

会社が掛け金を積み立ててくれる企業型ＤＣですが、その大きな魅力となっているのが、確定給付企業年金（ＤＢ）や個人年金と比較して節税効果が大きいという「税制上のメリット」です。

企業型ＤＣには「拠出時」「運用中」「受け取り時」の3つのタイミングで税優遇があります。これらの税優遇はｉＤｅＣｏにも適用されます。

「拠出時」――拠出した掛け金は全額所得控除に

そもそも確定拠出年金（企業型ＤＣ、ｉＤｅＣｏとも）に加入し、「自分で積み立てた掛け金」はその全額が所得控除になり、所得税・住民税の負担が減ります。

企業が掛け金を積み立てる企業型ＤＣでは、給与の一部を掛け金として上乗せできる制度があります。加入者本人が上乗せした掛け金は全額所得控除されます。そのため所得税や住民税の節税につながります。

・iDeCoでも、個人で積み立てる掛け金が全額所得控除されることになります。

「運用中」――運用利益が非課税に

通常、投資信託などの資産運用によって得た利益（分配金や利息など）には、約20％の税金がかかります。ところが企業型DCでの運用による利益は全額が非課税になります。

たとえば、同じ「100万円」の利益が発生した場合、通常の投資商品だと約20万円税金を納めることになります。

しかし企業型DCだと、それがすべて非課税。約20万円かかる税金が、企業型DCでは0円になるわけです。

運用益非課税は時間が経つほど大きくなる

毎月2万円を20年間積み立てた場合の比較 ※複利で計算。手数料は考慮しない

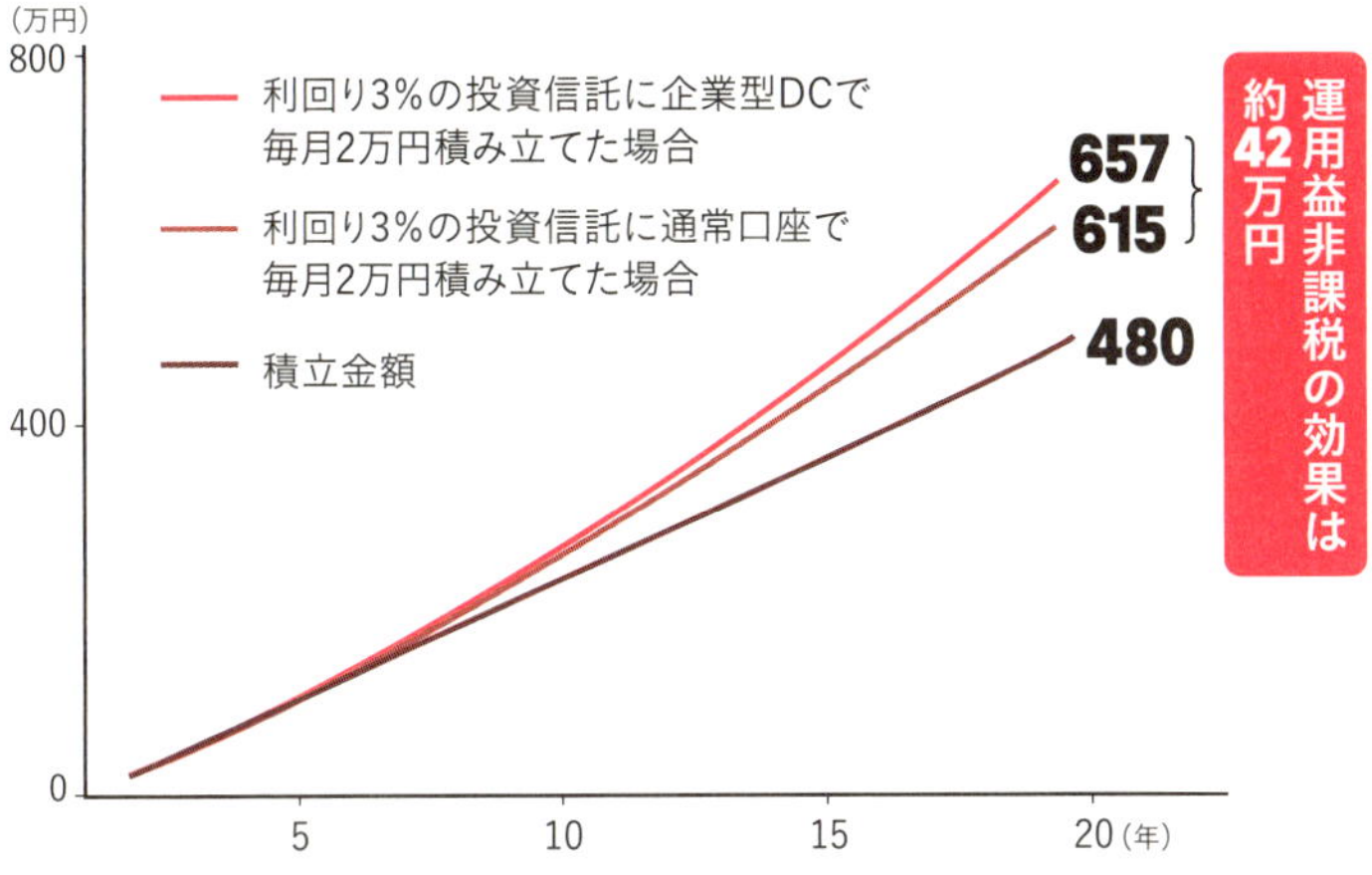

本来なら差し引かれるはずの税金がそのまま利益になるため、複利による効率的な運用ができます。

「受け取り時」――減税措置の対象に

企業型ＤＣは、60歳以降に「一時金」か「年金」どちらかで受け取ることになります。その際には、一時金で受け取る場合は「退職所得控除」、年金で受け取る場合は「公的年金等控除」の対象になります。どちらを選んでも税優遇を受けることができます。

どちらの受け取り方法が税金上メリットがあるかとよく質問を受けますが、企業型ＤＣの年金資産額、企業型ＤＣ以外に退職金があるのか、企業年金があるのかなどによって異なります。

企業型ＤＣと個人型（ｉＤｅＣｏ）は併用できる

会社で企業型ＤＣはやっているけれど、それとは別に個人でもｉＤｅＣｏで運用したい。企業型ＤＣとｉＤｅＣｏの両方を利用したい。そう考える人も多いでしょう。

以前は、併用が可能かどうかは、企業ごとの企業型ＤＣの規約によってバラバラでした。

しかし２０２２年10月の制度改正によって、規約に関係なく企業型ＤＣに加入している会社員がｉＤｅＣｏにも加入できるようになりました。要件が緩和されたことで、企業型ＤＣとｉＤｅＣｏを併用するハードルが一気に下がったのです。

企業型ＤＣとｉＤｅＣｏを併用するにも、拠出する掛け金の金額に制約があります。

【企業型ＤＣのみ加入している場合】

①企業型ＤＣとｉＤｅＣｏの掛け金の合計が月額５万５０００円を超えないこと

②ｉＤｅＣｏへの掛け金が、企業型ＤＣで企業の拠出掛け金を超えないこと（月額２万円が上限）

【企業型ＤＣとほかの企業年金に加入している場合】

①企業型ＤＣとｉＤｅＣｏの掛け金の合計が月額２万７５００円を超えないこと

②iDeCoへの掛け金が、企業型DCで企業の拠出掛け金を超えないこと（月額1・2万円が上限）

が条件となっています。

企業型DCには「従業員が上乗せ積み立てできる」制度も

企業型DCでは、「マッチング拠出」や「選択制」と呼ばれる制度があります。これらは、給与の一部を掛け金として上乗せできる制度です（企業ごとに導入されている制度が異なるため、上乗せして積み立てることができない企業もあります。勤務先にご確認ください）。

「企業の掛け金だけでは不安。もっと掛け金を増やしたい」と考えて、この制度を活用する人が増えてきています。

マッチング拠出や選択制で、「加入者本人が上乗せした掛け金」は全額所得控除されます。そのため所得税や住民税の節税につながります。さらに「選択制」の場合は、所得控除に加え、社会保険料算定の対象外となるため、掛け金額によって社会保険料負担分の軽減にもつながります。

マッチング拠出の掛け金には上限がある

ただマッチング拠出には掛け金の上限額があるので注意が必要です。具体的には、

①従業員が自分で拠出できる掛け金額が、企業が拠出する掛け金額を超えないこと

②企業が拠出する掛け金額と従業員が拠出する掛け金の合計額が、掛け金の拠出限度額※を超えないこと

※他の企業年金がある場合：年額33万円、他の企業年金がない場合：年額66万円

という2つの条件を満たす範囲内の金額で追加拠出ができるということです。

たとえば「企業年金あり（掛け金の拠出上限5万5000円）」の企業に勤めている

場合、従業員が上乗せでマッチング拠出できる金額の上限はいくらになるでしょうか。
この場合、企業が毎月拠出している掛け金の金額によって変わってきます。

・企業の拠出掛け金が「月額1万円」
→条件①によってマッチング拠出できる金額の上限は「月額1万円」

・企業の拠出掛け金が「月額4万円」
→条件①と②によって、マッチング拠出できる金額の上限は「月額1万5000円」
（企業の拠出と従業員の上乗せの合算が5万5000円を上回れないため）

となります。

〝上乗せ積み立て〟すべきかは、ライフプランと税優遇で考える

いかにメリットがあったとしても、そもそも〝上乗せ積み立て〟をする必要があるのかを考えましょう。まず「老後にいくら必要か（＝目標とする退職金額）」を整理することが大事です。その上で、その金額を受け取るには毎月いくらの積み立てが必要かを

考えます。企業が積み立てている掛け金だけでは足りないのであれば、〝上乗せ積み立て〟を検討しましょう。

たとえば「老後に5000万円必要だから、毎月2万円は積み立てなきゃいけない。会社が拠出してくれるのが月1万円だから、残りの1万円は自分で上乗せしなければ目標金額に届かない」という考え方になるわけです。

ただ自分でお金を積み立てるなら企業型DCへの上乗せ以外に、「iDeCo」や「NISA」「個人年金」「生命保険」などの選択肢もあります。なので、どの方法を選ぶべきなのかも大事な検討材料となってきます。

企業型DCに上乗せするのか、ほかの積み立て投資にするのか。その判断のポイントの1つが「税優遇」です。

企業型DCは税優遇の多い制度ですので、非常にコスパよく老後資産形成ができます。すでに手取りからご自身で老後に向けて積み立てているものがあれば、それを企業型DCの上乗せ積み立てに切り替えることで、効率よく資産形成することができます。

・企業型ＤＣに上乗せすべき人
↓収入が多く、毎年の所得税を抑えたい人
↓会社からの拠出が少額な人

企業型ＤＣに上乗せすれば、非課税の拠出額や運用益が増えるため、その分、毎年の所得税は軽減されます。収入が高い方にとっては非常に魅力的であると言えます。

また、会社の拠出額が少額で、目標とする退職金額（老後必要な資金額）に届かない場合も、上乗せした方がいいでしょう。

・企業型ＤＣに上乗せしないほうがいい人
↓定年までの経済的余裕があまりない人

SBI証券　加入効果シミュレーション　https://ad401k.sbisec.co.jp/corporate/simulation/tax-saving/

↓受け取り時に課税されたくない人

企業型DCには60歳まで引き出せないという制約があります。そのため、定年までまだお金が要る、家計にもそんなに余裕がないという人の場合、同じ上乗せをするなら企業型DCではなく、いつでも途中で引き出せるその他の金融商品のほうがいいでしょう（iDeCoも60歳まで引き出せないので、ここではおすすめしません）。

また、企業型DCの受け取り時に税金がかからないようにしたい！と思われる人も、企業型DC以外の積み立てをおすすめします。企業型DCを一括で受け取る場合、一定の受け取り額までは全額非課税で受け取れます。ですが一定の受け取り額を超えると税金がかかります。

上乗せして積み立てると、運用成績によっては自分で積み立てた元本部分にも税金がかかるケースも出てきます。

このようなケースを避けたいのであればその他の金融商品での積み立てを推奨します。

どの税優遇を優先するか。定年までのライフプランにお金の余裕があるか。〝上乗せ積み立て〟は、こうしたことを考慮してから決めるといいでしょう。

企業型ＤＣに上乗せ？　ｉＤｅＣｏと併用？

企業型ＤＣに上乗せ拠出する場合、ｉＤｅＣｏとの併用ができなくなります。つまり企業型ＤＣとｉＤｅＣｏを併用して運用している人は〝企業型ＤＣの上乗せ積み立て〟が認められないということ。〝企業型ＤＣの上乗せ積み立て〟をしたいならｉＤｅＣｏでの運用をやめる必要があります。

そのため、企業型ＤＣで上乗せ積み立てすべきか、ｉＤｅＣｏと併用すべきか、という質問が非常に増えています。基本的に、加入者負担の手数料や手間などの面から企業型ＤＣに上乗せ積み立てすることがオススメです。しかし、企業型ＤＣの運用先のラインナップや運用実績次第では、ｉＤｅＣｏに加入されたほうがいいケースもあります。判断するためには、まず「企業型ＤＣにどのような運用先ラインナップがあるのか」を知ることが重要です。

制度改正に注意

令和７年度の税制改正で、企業型ＤＣとｉＤｅＣｏの制度見直しが予定されています。

掛け金上限額の引き上げ、マッチング拠出での加入者掛け金の額は事業主掛け金の額を超えることができないとする要件の廃止などが見込まれています。

このように企業型ＤＣ、ｉＤｅＣｏともに適宜制度改正があります。とくに年齢や金額など数字が関わる箇所は、必ず最新情報をご確認ください。

企業型ＤＣの注意点とは？

税優遇などのメリットが魅力の企業型ＤＣですが、この制度ならではの特徴や注意すべき点がいくつかあります。

納得できる活用のために、改めて整理・確認しておきましょう。

受け取れる年金額が決まっていない

企業型ＤＣは基本、投資による資産運用です。加入者本人が自己責任で運用を行い、運用実績次第で将来受け取れる年金額（退職金額）が変動する。つまり、将来受け取れる年金（退職金額）額が確定していないのが企業型ＤＣの最大の特徴でもあります。

そして、投資である以上、世の中の経済情勢いかんで運用成果も変わってきます。運用成果が上がれば（運用がうまくいけば）資産は増えるけれど、運用がうまくいかなければ、逆に資産が減ってしまうリスクもあるということです。

企業型ＤＣの運用商品のなかには元本確保型ではないもの（投資信託）もあるため、選択する商品によっては元本割れのリスクもあります。

将来受け取れる年金資産を効率よく増やしていくためには、従業員（加入者）自身にもある程度の投資知識が必要になってくるでしょう。

自分で運営管理機関を選べない

運営管理機関や運用商品の選択に制約があることも企業型ＤＣの注意点の１つです。企業型ＤＣの場合、勤め先の企業が運営管理機関を選定するため、従業員（加入者）が自分で選択することはできません。

また、運営管理機関によって扱っている運用商品のラインナップが異なるため、場合によっては従業員が希望する運用商品がないこともあります。その場合でも限られた運用商品から選ばなければなりません。

原則として、60歳まで引き出せない

企業型DCと個人型（iDeCo）の大きな特徴でもあるのが、原則として60歳になるまでは資産を引き出すことができないというものです。

これはデメリットとメリットの側面があります。デメリットで考えると、急にまとまったお金が必要になっても引き出せないなどがあります。一方メリットで考えると、老後資金を確実に準備することができます。いつでも引き出せる状態だと、何かと理由とつけて引き出してしまう方がいます。そうすると、老後資金を確実に準備することはできないのです。

1つの投資を続けられる期間、1つの金融商品を保有し続けられる期間は平均3～4年という統計もあります。長期間じっくり持ち続けられずに解約する人が多いということです。

企業型DC・iDeCoの加入年齢と受給開始年齢

加入年齢	60歳時点での通算加入者等期間	受給可能年齢
50歳までに加入	10年以上	60歳～75歳
50歳超～52歳までに加入	8年以上10年未満	61歳～75歳
52歳超～54歳までに加入	6年以上8年未満	62歳～75歳
54歳超～56歳までに加入	4年以上6年未満	63歳～75歳
56歳超～58歳までに加入	2年以上4年未満	64歳～75歳
58歳超～60歳までに加入	1か月以上2年未満	65歳～75歳

60歳になるまで引き出せないという制約は、貯金箱にかけるカギのようなもの。長期運用で「老後のため」という目的を完遂させるための強制力とも言えるのです。

加入期間10年未満だと60歳でも引き出せない

前述したように企業型DCで積み立てた年金を受け取れるのは、原則として60歳からになります。ここで「原則として」という但し書きをつけたのは、60歳になっても受け取れないケースがあるからです。

それには企業型DCへの加入期間が関係してきます。

60歳から受け取れるのは加入期間が10年以上の人。つまり50歳以上で加入すると、60歳から受け取れない場合があるのです。

60歳になった時点で加入期間が10年に満たない場合は、加入年数によって受け取り開始年齢が繰り下がっていきます。

たとえば、加入期間が8年以上10年未満の場合は「61歳から」、6年以上8年未満の場合は「62歳から」となって、最大で65歳まで後ろ倒しになります。

また自分の意思で受け取り開始時期を遅らせることも可能で、その場合は「75歳」まで繰り下げることが可能です。

60歳以降に新たに加入者となった場合は、通算加入者等期間に関係なく、加入日から5年を経過した日より積立金を受け取ることができます。

受け取り時に資産が目減りするリスクがある

企業型DCは60歳から「一時金」もしくは「年金」の形で受け取りを開始することができます。さらに「遅くとも75歳までには受け取りを開始する必要がある」という期限も決まっています。

これは60歳から75歳までの間で、自分の老後の生活設計に応じた受け取り開始時期を選択できるということ。ただ一方では、最長でも75歳までには運用を終えて資産を受け取らなければならないということでもあります。

そう考えると、ある懸念も生じてきます。

一般的に、早い時期から企業型DCでの運用を始めている人ほど、年齢を重ねて出口（運用を終えて受け取る時期）に近づくと保有している年金資産が大きくなっています。

ただ、コツコツと運用してきたのに、受け取り時期が近いタイミングで経済不安を引き起こすような事態が起きて、せっかくの年金資産が半減してしまう可能性もあります。半減したままで受け取らざるを得ないこともあるのです。

もちろん、60歳で受け取りたかったけれど年金資産が激減したから受け取り時期を先に延ばす——という戦略もあります。でも老後の生活設計には大幅な変更を迫られることになってしまうでしょう。

極端な話、ずっと先延ばししても経済情勢が好転せず、最終期限の75歳になってまだマイナスだったとしても、もうそこで受け取らざるを得なくなります。そうした可能性もゼロではありません。

受け取れる時期が決まっているけれど、そのタイミングで経済情勢がどうか、資産状況がどうなっているかがわからない。企業型DCにはそうしたリスクがあることも心得ておくべきでしょう。

そうしたリスクをふまえて、運用商品の見直しや受け取り時期の選択などの「出口戦略」をしっかり練る。企業型DC単体だけではなく、その他の預貯金や保有資産と総合的に考える必要があります。これは企業型DCで資産を運用する上での非常に重要なポイントになります。

おわりに

世界的に見てもトップレベルの健康寿命を誇る日本は、今や「人生100年時代」を迎えつつあります。

100歳まで生きるのが当たり前の時代になれば、人生をもっと長く楽しめる。まだまだやりたいことに挑戦できる。家族や友人と楽しく過ごす時間が増える――。そうした期待も膨らむでしょう。

その一方で、多くの人が人生100年時代の到来にさまざまな不安を抱えていることもまた事実です。

最大の不安は、やはり生活の基盤となる「お金」のことだと思います。人生100年として、65歳で定年になっても、以降、35年ものセカンドライフが続くことになります。経済的に余裕があるかないかは、長い老後の豊かさに大きな違いをもたらすでしょう。

2019年には金融庁も、人生100年時代を見据えた資産形成を促す報告書を発表しています。今の現役世代が来るべき未来をポジティブにとらえて悔いなく過ごすには、これまで以上に「経済的な備え」が不可欠になってくるということです。

少子高齢化が進むなか、公的年金の支給額が目減りしていくのは必至。ならば、老後の資産は個々人が自身で形成していく必要がある――。

そんな時代だからこそ、世のサラリーマンの方々に改めて目を向けていただきたいのが、本書で解説してきた「企業型確定拠出年金（企業型ＤＣ）」なのです。

会社が拠出金（掛け金）を負担してくれるため〝身銭〟を切らずに将来の退職金（年金）を運用できる。しかも大きな税制優遇措置が受けられる。

こうしたメリットを持つ企業型ＤＣを有効活用すれば、誰もが〝自助努力〟でゆとりあるセカンドライフに備えることが可能になるでしょう。

ただ一方では、多くの人が企業型ＤＣという仕組みや資産運用に関する知識に乏しく、この優れた制度を活用できていない。老後のための退職金（年金）を増やす大きな手段がありながら、それを宝の持ち腐れにしてしまっている。そんな現状もあります。

だからこそ、企業型ＤＣという制度の存在意義に気づいていただきたい。

その基本的な知識を身につけ、自分に合った運用を考えて、豊かで安心できるセカンドライフを実現していただきたい。そう強く思うのです。

老後の資金形成は一朝一夕にできるものではありません。豊かな未来は、現役として働く今から地道に、計画性を持って取り組むことで生み出されるものです。

今こそ「将来への備え」についてしっかり考えましょう。

そのための知識を携え、前向きに実行に移しましょう。

その意識を持つことが、未来の自分を笑顔にするための第一歩になるのです。

企業型DCについてのご相談、
企業内研修のご依頼は
以下よりお願いします。

一般社団法人 確定拠出年金診断協会
問い合わせフォーム

https://dc-shindan.jp/contact/

確定拠出年金
退職金で損する人得する人

2025年4月5日　初版発行

著　者　分部彰吾　山上真司
発行者　佐藤俊彦

発行所　株式会社ワニ・プラス
〒150-8482 東京都渋谷区恵比寿4-4-9
えびす大黒ビル7F

発売元　株式会社ワニブックス
〒150-8482 東京都渋谷区恵比寿4-4-9
えびす大黒ビル

ワニブックスHP　https://www.wani.co.jp
（お問い合わせはメールで受け付けております。
HPから「お問い合わせ」にお進みください。）
※内容によりましてはお答えできない場合がございます。

装　　丁　柏原宗績
DTP制作　株式会社ビュロー平林
編集協力　柳澤敬法
出版プロデューサー　平田静子（ヒラタワークス）

印刷・製本所　中央精版印刷株式会社

Printed in Japan ISBN978-4-8470-7526 -1

分部彰吾
（わけべ　しょうご）

一般社団法人確定拠出年金診断協会 代表理事。1990年大阪府生まれ。甲南大学マネジメント創造学部を卒業後、リース会社へ入社。その後保険代理店を経て、独立系ファイナンシャルプランナーへ。知識を研鑽していく中で、新卒入社した企業で加入していた確定拠出年金の運用を放置し損していたことに気づく。それ以来、確定拠出年金で損をしている方が多いことに疑問を抱き、一般社団法人 確定拠出年金診断協会を設立。「確定拠出年金診断士®」を全国に800名以上輩出。育成した専門家とともに世の中を変える活動をしている。

山上真司
（やまがみ　しんじ）

一般社団法人 確定拠出年金診断協会 理事。1986年東京都生まれ。中央大学商学部を卒業後、セキスイハイムに入社。その後、プルデンシャル生命を経て、独立系ファイナンシャルプランナーへ。「おかねで損する人をゼロに。」をコンセプトに、住宅・金融両面の実務経験に基づく資産の最適化支援に従事。紹介のみで個人1000世帯・法人50社超の課題解決を行なってきた。一人ひとりの相談者の課題解決だけでは、社会全体を良くするには限界があると感じ、当協会を含む法人2社を起業。より多くの方へ正しい情報を届ける事業を展開している。